Folkgitarre spielen

freizeit

ht

Folkgitarre spielen

Von Hans Reinhard Schatter
und Klaus Franke

Humboldt-Taschenbuchverlag

humboldt-taschenbuch 555

Umschlaggestaltung: Christa Manner, München
Umschlagfoto: Manfred E. Schmatz, Egmating
Zeichnungen: Archiv Hans Reinhard Schatter

Hinweise für den Leser:

Alle Angaben entsprechen dem Stand von 1987 und wurden von Autoren und Verlag sorgfältig geprüft. Dennoch kann eine Gewähr nicht übernommen werden.

Druck: Presse-Druck Augsburg
Printed in Germany
ISBN 3-581-66555-7

1 2 3 * 89 88 87

Inhalt

Ein Wort zuvor…

Das Spiel der Folk- oder Westerngitarre hat inzwischen auch im deutschsprachigen Raum viele Freunde gefunden. Der härtere, metallische Klang eignet sich besonders gut zur rhythmischen Liedbegleitung. Unsere Gitarrenschule macht mit den verschiedenen Anschlagmöglichkeiten vertraut, gibt eine Fülle von Anregungen und geht vor allem gleich in die Praxis. Bekannte Folksongs laden zum Mitspielen ein. Und die einmal gelernten Anschlagmuster lassen sich natürlich nicht nur für die abgedruckten Songs verwenden, sondern geben sogar vertrauten Volksliedern einen neuen modernen »Drive«.

Übrigens: Wer nicht mit der Notenschrift vertraut ist, kommt mit unserer Spielanleitung trotzdem bestens zurecht, denn alle Lieder und Begleitmuster sind zusätzlich mit einer leicht verständlichen Tabulatur ausgestattet.

Wir wünschen viel Spaß und viel Erfolg beim Spiel der Folkgitarre.

Hans-Reinhard Schatter
Klaus Franke

Was man wissen sollte

Folkgitarre oder Westerngitarre – das gleiche Instrument für verschiedene Spieltechniken

Äußerlich gleichen sie sich wie eineiige Zwillinge: rundes Schalloch, Schlagbrett, Stahlsaiten, flacher Kopf, meist 14 Bünde bis zum Gitarrenkörper statt zwölf wie bei der klassischen Gitarre.
Gespielt werden diese Gitarren eigentlich von allen nichtklassischen Gitarristen, von Musikern in Nashville, dem Mekka aller Country & Western-Musikfans. Mit den gleichen Gitarren begleiten aber auch Folksinger wie Joan Baez, John Denver, Pete Seeger, Peter, Paul and Mary, Hannes Wader ihre Folksongs und Lieder.
Und auch die Fingerpicking- und Folkblues-Gitarristen wie John Fahey, Dave van Ronk, Stefan Großmann, Werner Lämmerhirt benutzen solche *Steelstring-Gitarren.* Sie klingen härter; man kann auf ihnen rhythmischer spielen; sie erlauben besondere Effekte wie das Ziehen der Saiten oder offene Stimmungen, bei denen die ganze Gitarre auf eine spezielle Tonart gestimmt wird.
Für die Folksongs und Lieder dieses Bandes und für die moderne Liedbegleitung allgemein ist selbstverständlich auch eine normale *Wander- oder klassische Konzertgitarre* geeignet. Ihre Nylonsaiten strapazieren die Fingerkuppen weniger, und wer einen härteren Klang wünscht, der schlägt einfach statt über dem Schalloch etwas weiter in Richtung Steg, an dem die Saiten befestigt sind, an.

Die Folkgitarre und ihre Teile

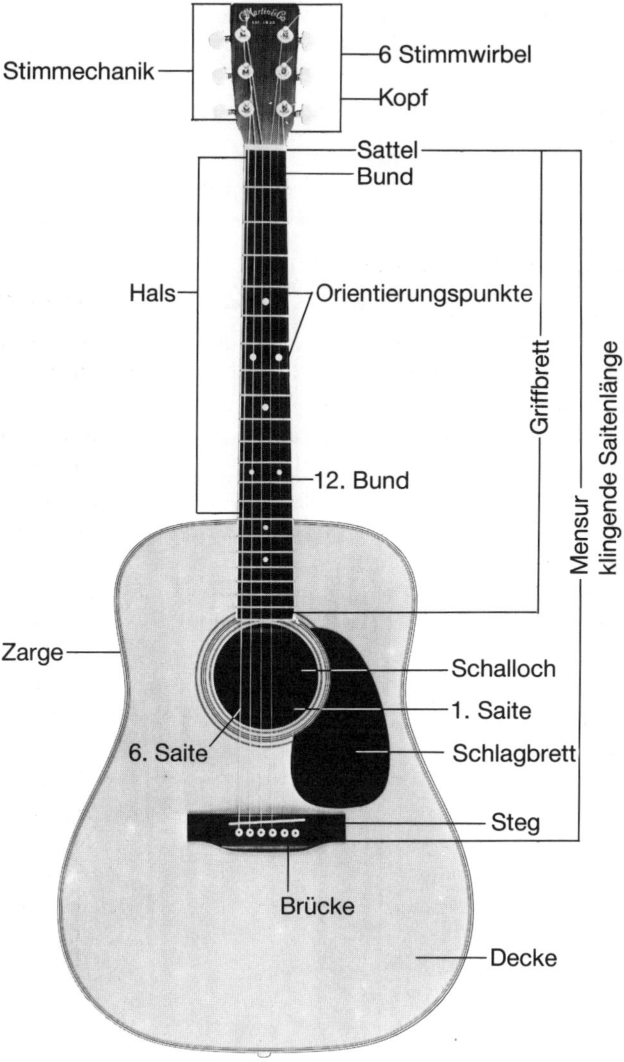

Klassische Gitarre: 19 Bünde insgesamt
Folk- + Westerngitarre: 20 Bünde insgesamt

Die Anordnung der Saiten

Von der dicksten Saite ausgehend, werden die Saiten mit Buchstaben bezeichnet:

E A D g b*) e

Eselsbrücke: Eine alte Dame geht bald einkaufen

Gezählt werden die Saiten in umgekehrter Richtung – die dünnste Saite ist die erste, die dickste die sechste Saite.

*) **Wichtiger Hinweis:** Populäre Literatur über die Gitarre stammt größtenteils aus dem anglo-amerikanischen Sprachraum. Hier ist für **»h«** die Bezeichnung **»b«** üblich. Da sich diese Benennung immer mehr durchsetzt, wird sie auch im vorliegenden Buch verwendet.

Die Töne auf dem Griffbrett

(Ein ausführliches Schema finden Sie auf den Seiten 132 und 133.)

Das Griffbrett

Das Griffbrett der Gitarre ist in Bünde unterteilt, in denen die Saiten beim Spielen von Melodie- oder Akkordtönen gegriffen werden.

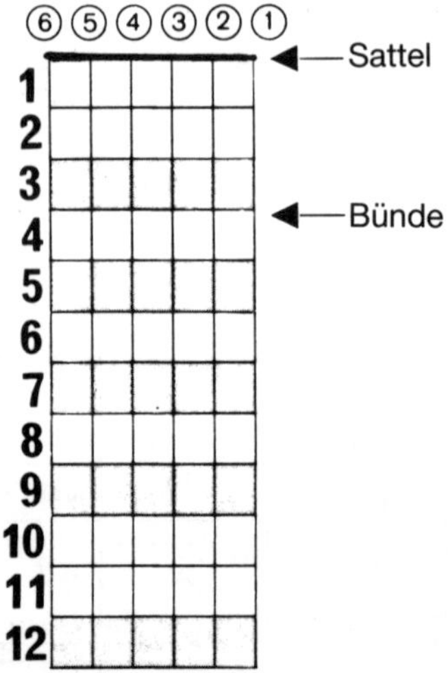

Das Stimmen der Gitarre

Von den vielen Methoden, eine Gitarre zu stimmen, ist das Stimmen durch Saitenvergleich im fünften Bund am gebräuchlichsten.

1. Der auf der sechsten Saite im fünften Bund gegriffene Ton muß genauso klingen wie die leerschwingende fünfte Saite, kurz:

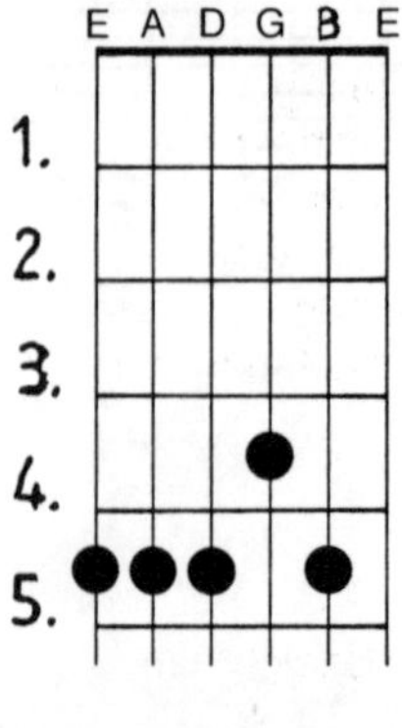

6. Saite 5. Bund = A = 5. Saite
5. Saite 5. Bund = D = 4. Saite
4. Saite 5. Bund = G = 3. Saite
3. Saite 4. Bund = B = 2. Saite
2. Saite 5. Bund = E = 1. Saite

Die Gitarre stimmt jetzt »in sich«. Will man mit anderen zusammenspielen, so muß man sich auf einen gemeinsamen Ton, auf den alle Instrumente gestimmt werden, einigen. Dieser Ton, beispielsweise der Kammerton a' = 440 Hz, wird entweder von einem bereits gestimmten Instrument, einer Stimmgabel oder -pfeife, oder einem Stimmgerät vorgegeben. Ist eine Gitarrensaite – z. B. die fünfte – richtig gestimmt, werden die restlichen Saiten darauf eingestimmt.

Es kann einige Zeit dauern, bis man sein Gehör so weit entwickelt hat, daß man richtig stimmen kann. Hierbei ist ein elektronisches Stimmgerät nützlich.

Wenn man mit dem Gerät eine Saite richtig gestimmt hat, werden die übrigen Saiten durch Saitenvergleich gestimmt. Abschließend wird durch Gitarrenstimmung mit dem Stimmgerät noch einmal überprüft. So kann man sein Gehör kontrollieren.

Griffdiagramme

Im Bereich der Popularmusik werden die bei einem Lied verwendeten Akkorde oft mit Griffdiagrammen angegeben.

Die Akkordbezeichnung

Eine mit einem Kreuz versehene Saite darf beim Spielen nicht erklingen.
Ist das Kreuz eingeklammert, so gilt das als eine Empfehlung für einen ausgewogenen Klang.

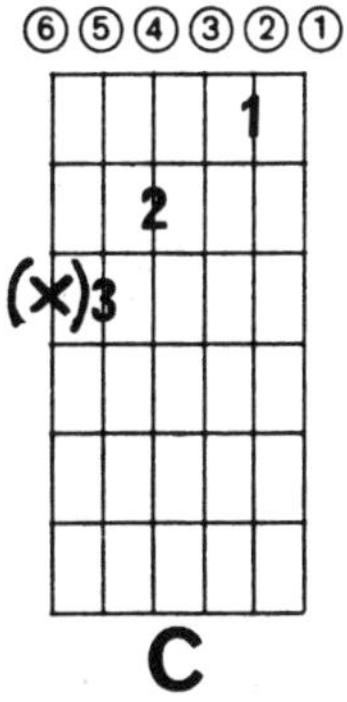

1 = Zeigefinger
2 = Mittelfinger
3 = Ringfinger
4 = kleiner Finger
D = Daumen
(oder T nach englisch: Thumb)

Akkordbezeichnung

Die gebräuchlichsten Akkorde und Akkordgriffe

Unter den Griffdiagrammen sind die Töne notiert, die beim Anschlag des Akkordes erklingen.

E

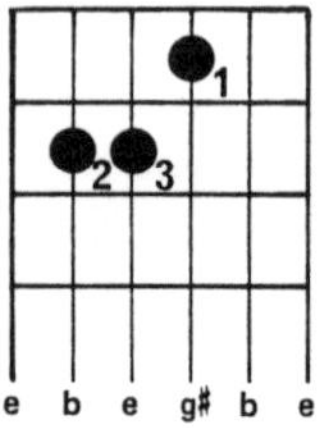

E[7]

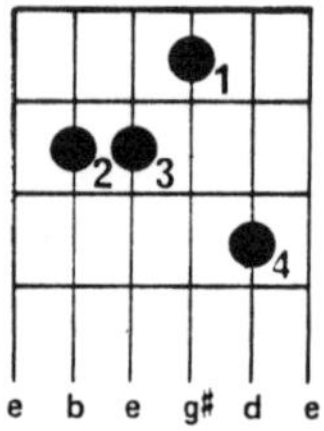

E[6]

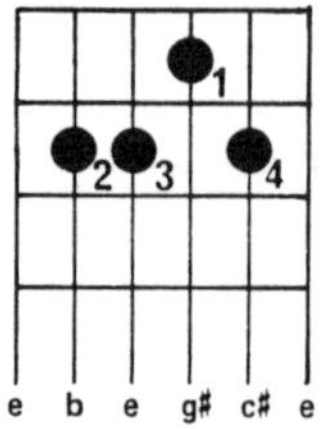

E[4]

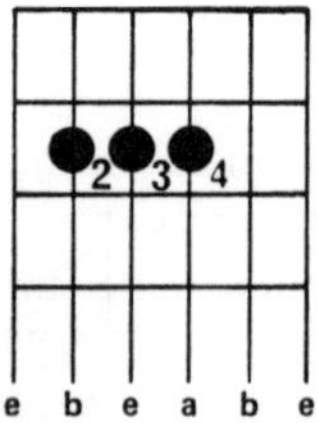

E[7/4]

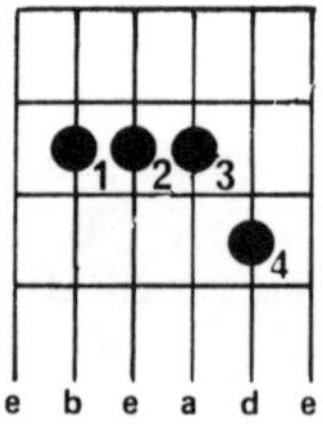

E°

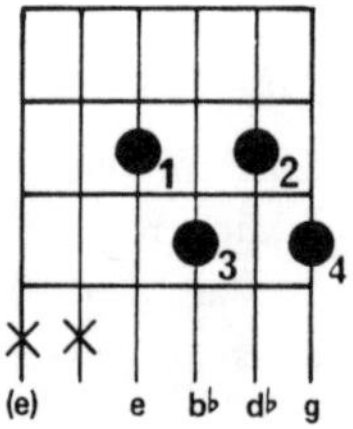

Em

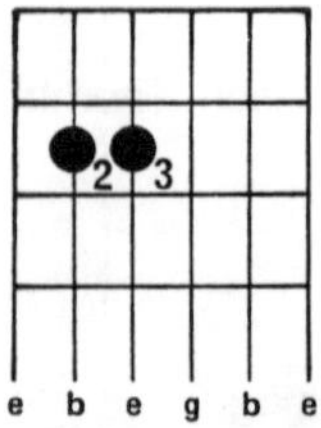

Em[7]

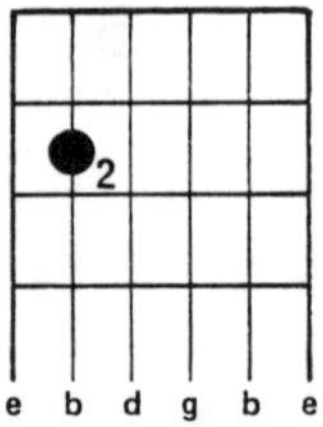

Em[7]

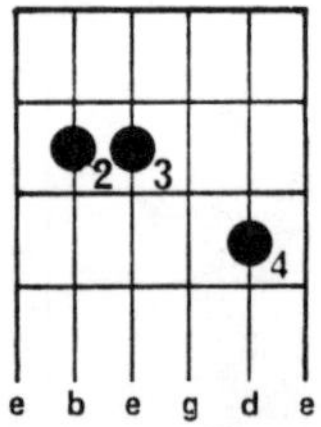

Em^6

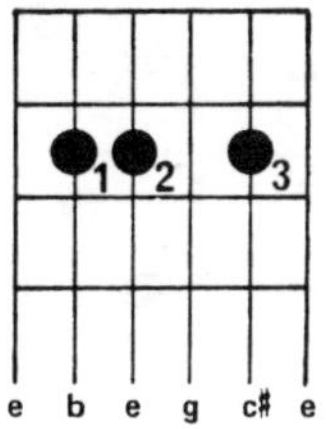

A

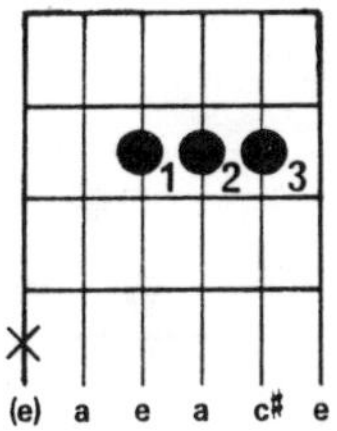

A^7

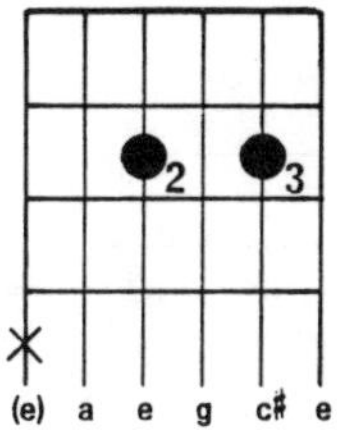

A^7

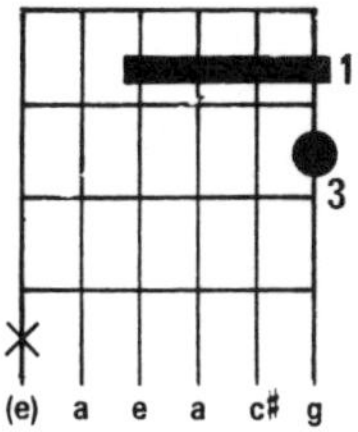

A^4

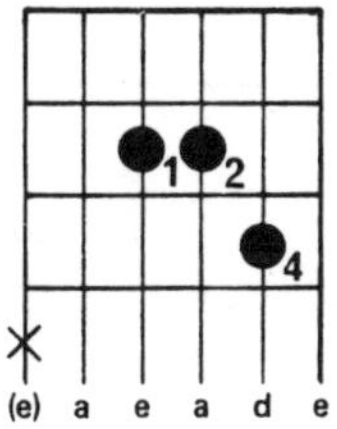

$A^{7/4}$

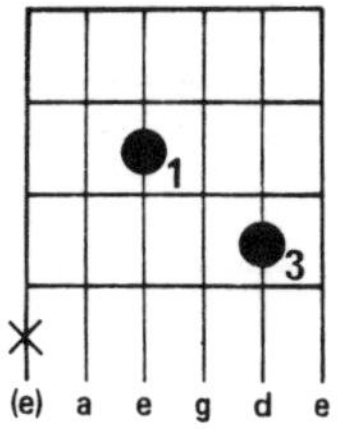

A^6

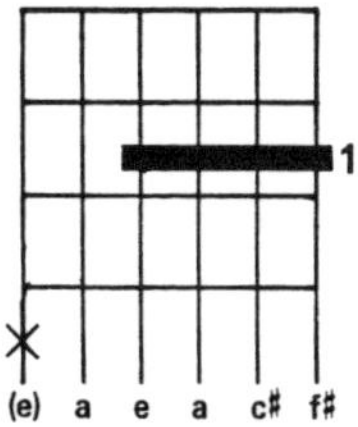

A°

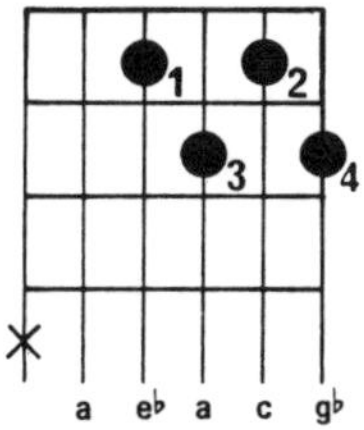

Am

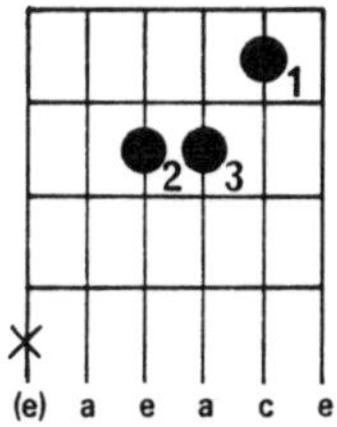

Am7

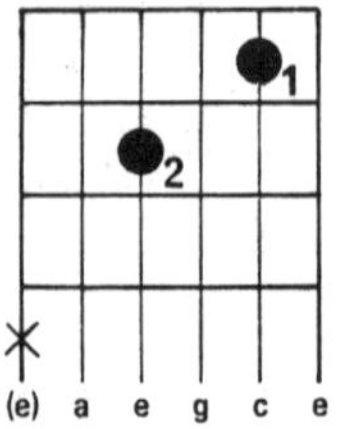

Am7

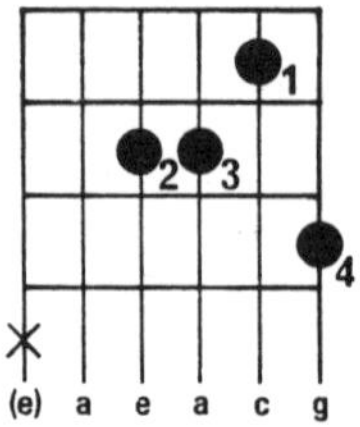

Am6

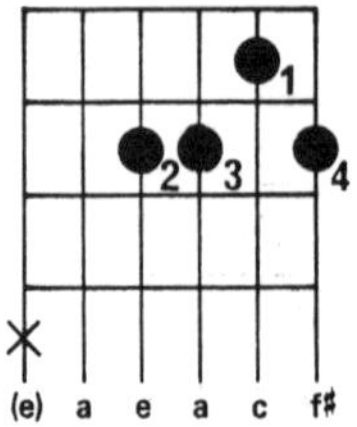

D

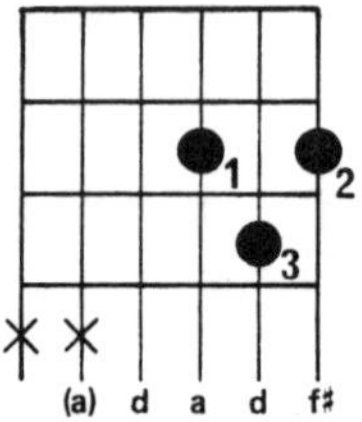

D7

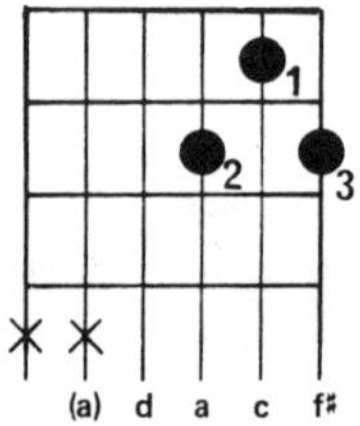

D7/4

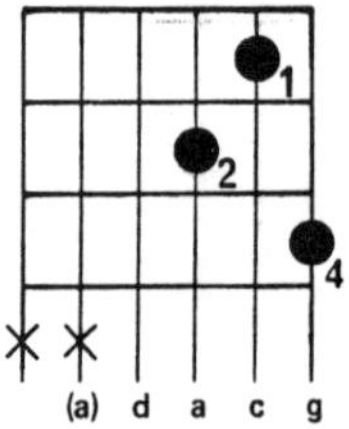

D4

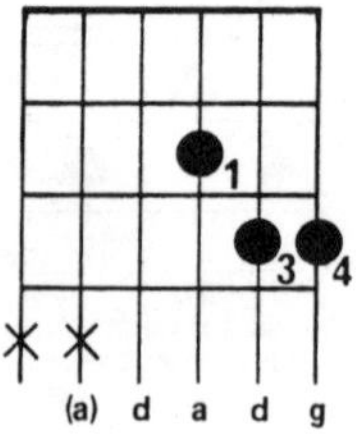

D6

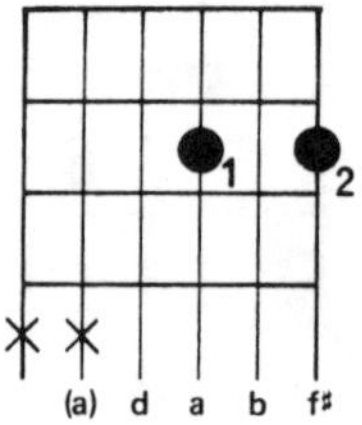

D°

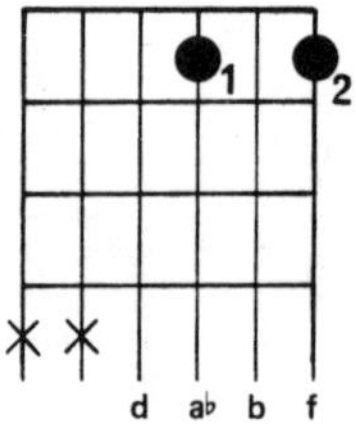

Dm

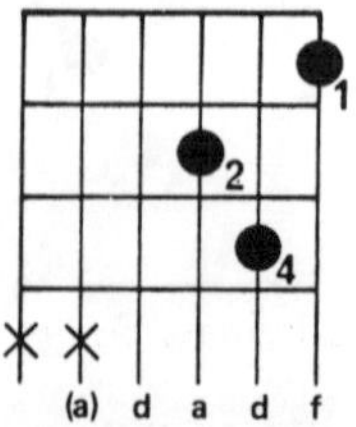

Dm7

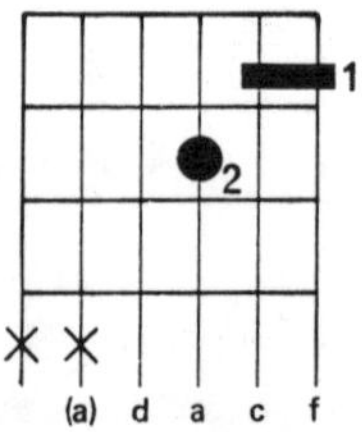

Dm6

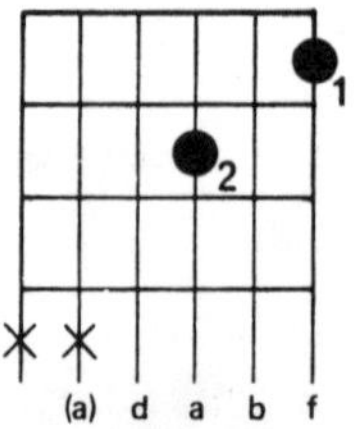

C

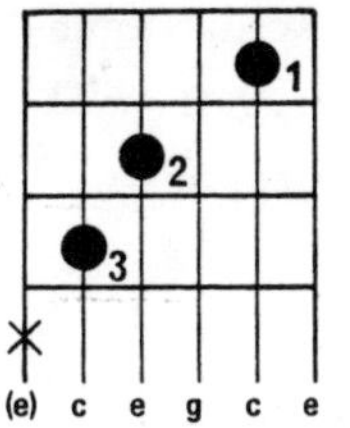

C7

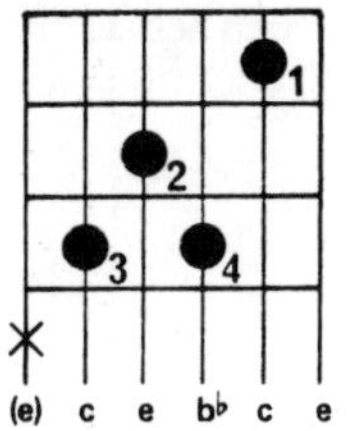

C6

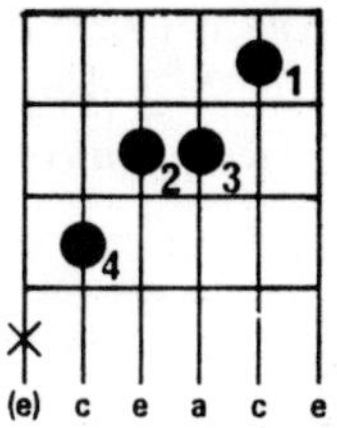

C4

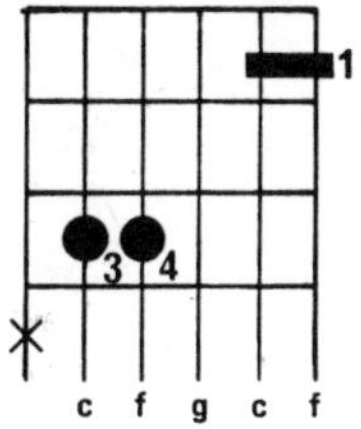

C°

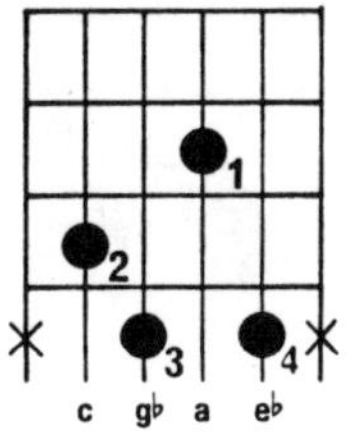

G

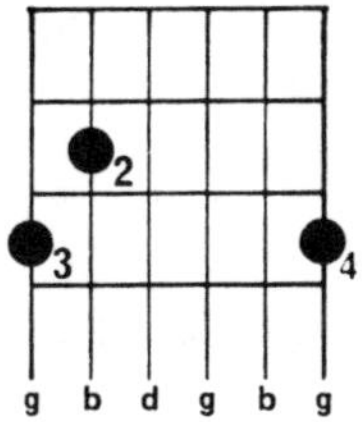

G7

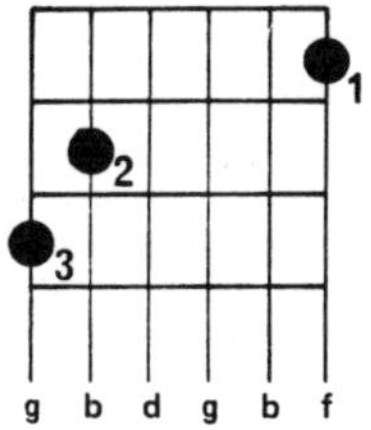

G6

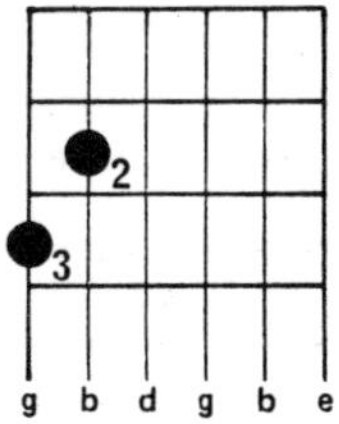

G4

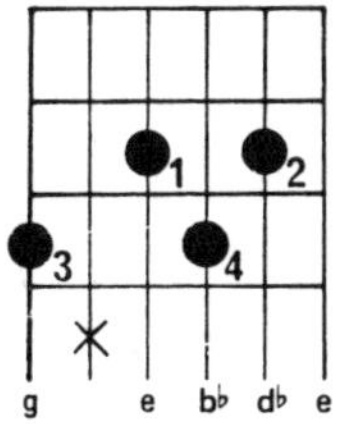

G°

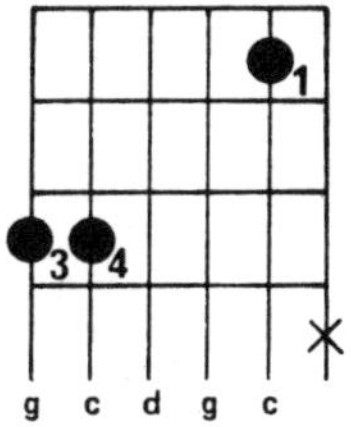

Die Griffweisen spezieller Akkorde werden jeweils bei den Songs angegeben.

Zur Schreibweise in diesem Buch

Alle in diesem Buch enthaltenen Schlagrhythmen, Akkordzerlegungen, Melodien und Liedbearbeitungen werden mit *zwei unterschiedlichen Notationssystemen* dargestellt.

Die herkömmliche Notenschreibweise

Sie ist für Leute mit Notenkenntnissen bestimmt. Den *fünf Notenlinien* ist ein »G-Schlüssel« vorangestellt, dessen untere Schleife die zweite Linie, auf der der Ton »g« notiert wird, umschließt.

Hintereinander geschriebene Noten werden auch nacheinander gespielt, wobei der Fingersatz darauf hinweist, mit welchem Finger der linken Hand die einzelne Note gegriffen wird, oder ob die Leersaite angeschlagen werden muß (∅ = Leersaite, 1 = Zeigefinger, 2 = Mittelfinger, 3 = Ringfinger, 4 = kleiner Finger).

Übereinanderstehende Noten werden gleichzeitig gespielt.

Sollen bei einzelnen oder übereinanderstehenden Noten die Saiten nicht gezupft, sondern angeschlagen werden, so wird das über den Noten mit den Zeichen »⊓« Abschlag und »V« Aufschlag angegeben.

Notenschrift kann man mit einer internationalen Sprache vergleichen, die von allen notenkundigen Musikern verstanden wird, unabhängig davon, welches Instrument sie spielen.

Die Tabulaturschreibweise

Tabulaturen sind für das Spielen mit einem bestimmten Instrument abgefaßt, hier für die Gitarre.

Die *sechs Linien* stellen die *sechs Gitarrensaiten* dar, wobei die dünne E-Saite (1. Saite) oben, die dicke E-Saite (6. Saite) unten liegt.

Die auf einer Saite zu spielenden Töne werden mit Zahlen angegeben.
Die leere G-Saite wird angeschlagen:

Der auf der E-Saite im ersten Bund gegriffene Ton soll gespielt werden:

Die 6. Saite darf nicht angeschlagen werden:

Hintereinander geschriebene Zahlen – symbolisierte Töne – werden auch nacheinander gespielt:

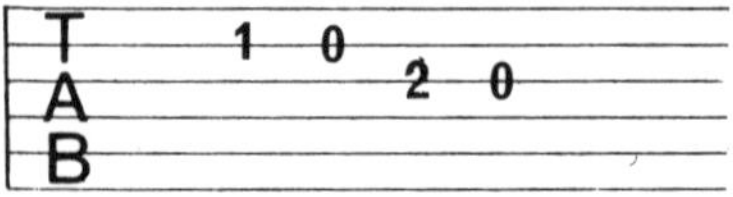

Übereinanderstehende Zahlen werden gleichzeitig gespielt:

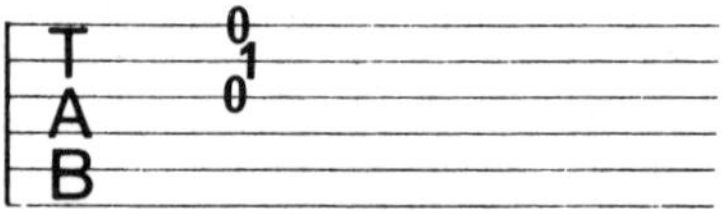

Zur Takteinteilung

Jedes Musikstück wird in einzelne, normalerweise gleich lange Abschnitte unterteilt – die *»Takte«*; die Unterteilung erfolgt mit *»Taktstrichen«*. Am Ende eines Liedabschnitts wird der letzte Taktstrich verdoppelt. Ist dies zugleich der Schluß des Liedes, so wird der letzte Taktstrich besonders hervorgehoben.

Jeder Takt enthält eine bestimmte Anzahl gleich langer *»Taktschläge«*.

Bei der *»Taktangabe«* zu Beginn eines Musikstückes informiert die untere Zahl über den Notenwert, die obere Zahl über die Anzahl der in einem Takt vorkommenden Grundwerte.

4/4-Takt

Vier Taktschläge mit dem Zeitwert einer Viertelnote werden in einem Takt zusammengefaßt. (Anstelle des Bruches 4/4 wird auch häufig ein »C« vorangestellt.)

3/4-Takt

Entsprechendes gilt für drei Taktschläge in einem 3/4-Takt. Beim Spielen wird der erste Taktschlag jedes Taktes betont, um die Taktunterteilung hörbar zu machen.

In der musikalischen Praxis ist es wichtig, die einzelnen Takte auszuzählen und eventuell sogar beim Üben mit Fußklopfen zu unterstützen – vor allem deshalb, weil die Melodie oder die Liedbegleitung rhythmisch gegliedert ist und die unterschiedlichsten Notenwerte und Pausen enthalten kann.

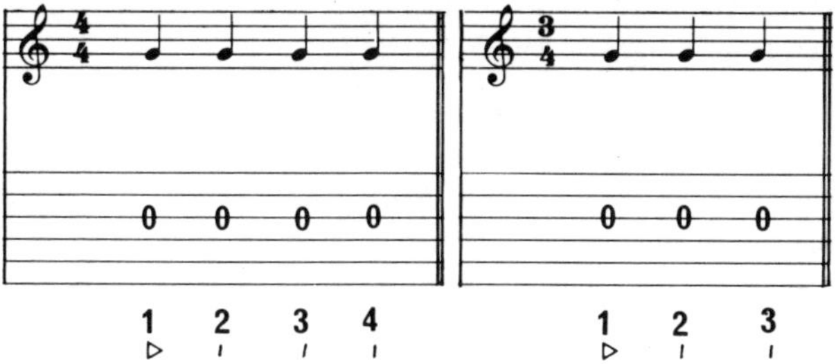

Das Melodiespiel

Klassische Spielweise

Zum Spielen einfacher Melodien eignet sich für die Finger der rechten Hand folgende Anschlagart:

Der gestreckte Daumen liegt an der 6. Saite. Er ist so auf den Körper gerichtet, daß das Handgelenk etwas herausgebogen wird und die Finger leicht gekrümmt auf die Saiten aufgesetzt werden können. Gespielt wird mit dem Zeige- und Mittelfinger, die abgewechselt werden. Die Anschlagbewegung erfolgt bei ruhiger Handhaltung aus dem Fingerwurzelgelenk heraus; nach dem Anschlag wird der Finger an die nächsttiefere Saite angelegt.

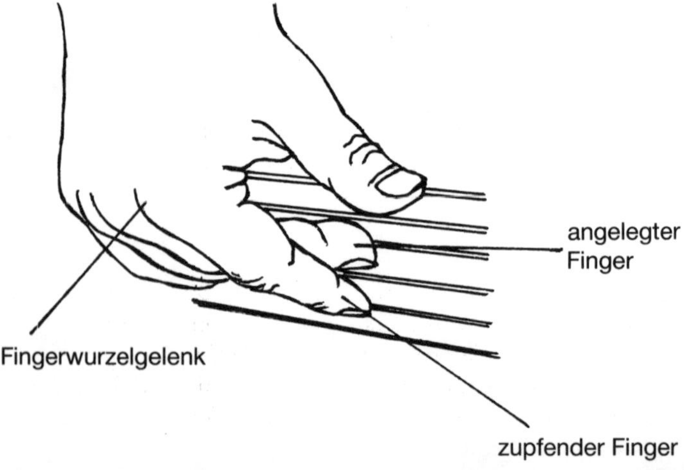

Das Spiel mit dem Plektrum

Ein *Plektrum* (Schlagblättchen) wird hauptsächlich zum Spielen auf einer mit Stahlsaiten bespannten Gitarre verwendet.
Für das Melodiespiel eignet sich ein kleines, hartes Plektrum, das von Daumen und gekrümmtem Zeigefinger locker so gehalten wird, daß es nur etwa 3–5 mm unter dem Daumen hervorschaut. Der Plektrumanschlag erfolgt mit einer Drehbewegung aus dem Handgelenk heraus; der rechte Arm bleibt so ruhig wie möglich.

Manche Gitarristen legen als Ersatz für das Plektrum Daumen und Zeigefinger der rechten Hand aneinander und spielen mit dem Nagel des Zeigefingers.

Hinweis:
Will man die Melodien der Lieder dieses Buches nicht spielen, sondern nur singen, so ist es trotzdem ratsam, die Melodie kurz anzuspielen, um die richtige Stimmlage für den Gesang zu finden. Oft ist ein *Kapodaster*, mit dem ein Lied ohne Mühe in andere Tonarten »transponiert« werden kann, hilfreich. (Näheres dazu siehe Seite 96ff.)

Grundformen der Liedbegleitung

Schlagrhythmen

Rhythmusschläge werden mit der rechten Hand ausgeführt, wobei die Saiten mit dem Daumen, den Fingern oder mit einem Plektrum angeschlagen werden. Zwischen diesen Anschlagarten bestehen Klangunterschiede. Beim Spielen von Schlagrhythmen sollten Sie darauf achten, daß sich der rechte Arm möglichst wenig bewegt. Die leerschwingende 6. Saite erzeugt außerdem bei den meisten Akkordgriffen – abgesehen vom E-Dur-Akkord und seinen Abwandlungen – im Zusammenklang mit der 5. Saite einen etwas »mulmigen« Klang. Die 6. Saite sollte daher nur dann angeschlagen werden, wenn hier ein Akkordton gegriffen wird.

Hinweis:
Die Liedbegleitung dient lediglich zur Untermalung der Melodie und ist deshalb oft gleichförmig. Bei Gesangspausen hingegen kann der Begleitrhythmus variiert werden, um diese Stellen interessanter zu gestalten.

Will man sich beim Singen mit der Gitarre begleiten, so besteht oft die Schwierigkeit darin, daß *Melodie*rhythmus und *Begleit*rhythmus nicht übereinstimmen.
Üben Sie daher zunächst nur die Liedbegleitung, damit sie später zum Gesang »automatisch« abläuft.

Abschläge

Abschläge werden entweder mit einem nicht zu harten Plektrum (Schlagblättchen) oder mit den Fingern der rechten Hand ausgeführt.

Die Akkordgriffe für das erste Lied

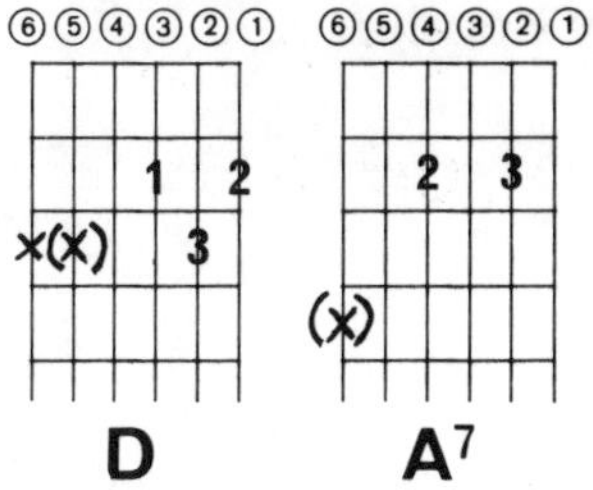

Die Rhythmusbegleitung für »Polly Wolly Doodle«

Die Auftaktnoten, die vor dem ersten betonten Taktschlag des ersten Volltaktes auftreten, werden ohne Rhythmusbegleitung gesungen und gespielt.

Die Rhythmusbegleitung beginnt mit dem ersten Volltakt und endet bei Liedern im 4/4-Takt normalerweise auf der dritten, bei Liedern im 3/4-Takt auf der ersten Zählzeit des letzten oder eines zusätzlich angefügten Taktes.

---

* An dieser Stelle wird gleichmäßig weitergezählt und ein Abschlag in der Luft ausgeführt, bei dem die Saiten nicht berührt werden.

Polly Wolly Doodle

1. I went down south to see my Sal,
Singing polly wolly doodle all the day;
My Sal she is a spunky gal,

Refrain:
Singing polly wolly doodle all the day.

Fare thee well, Fare the well,
Fare thee well my fairy fey,
For I'm goin' to Lousiana
For to see my Susianna
Singing polly wolly doodle all the day.

2. Oh, my Sal, she is a maiden fair,
Singing polly-wolly-doodle all the day;
With curly eyes and laughing hair,
Singing polly-wolly-doodle all the day.

3. Oh, a grasshopper sitting on a railroad track,
Singing polly-wolly-doodle all the day;
A-picking his teeth with a carpet tack,
Singing polly-wolly-doodle all the day.

4. Oh, I went to bed, but it wasn't no use,
Singing polly-wolly-doodle all the day;
My feet stuck out for a chicken roost,
Singing polly-wolly-doodle all the day.

5. Behind the barn, down on my knees,
Singing polly-wolly-doodle all the day;
I thought I heard a chicken sneeze,
Singing polly-wolly-doodle all the day.

6. He sneezed so hard with the whooping cough,
Singing polly-wolly-doodle all the day;
He sneezed his head and tail right off,
Singing polly-wolly-doodle all the day.

Skip to My Lou

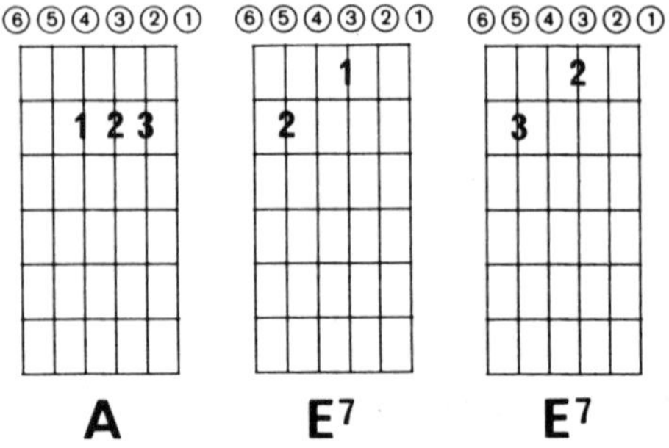

Refrain:

Achtung:
Die Melodieführung der Hauptstrophe entspricht der des abgebildeten Refrains. Lediglich die Notenwerte sind andere, wie durch den Sprachrhythmus vorgegeben.

1. Rabbits on the hillside, big as a mule,
Rabbits on the hillside, big as a mule,
Rabbits on the hillside, big as a mule,
Skip to my Lou, my darling.

Refrain:
Skip, skip, skip to my Lou,
Skip, skip, skip to my Lou,
Skip, skip, skip to my Lou,
Skip to my Lou, my darling.

2. Flies in the buttermilk, shoo fly, shoo!… (3×)
Skip to my Lou, my darling.

3. I lost my partner, what shall I do?… (3×)
Skip to my Lou, my darling.

4. I'll get another, one prettier than you… (3×)
Skip to my Lou, my darling.

5. Little red wagon, painted blue…
Skip to my Lou, my darling.

Down in the Valley

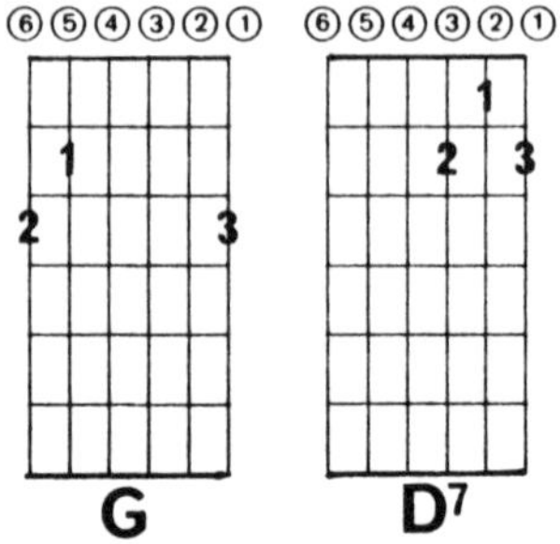

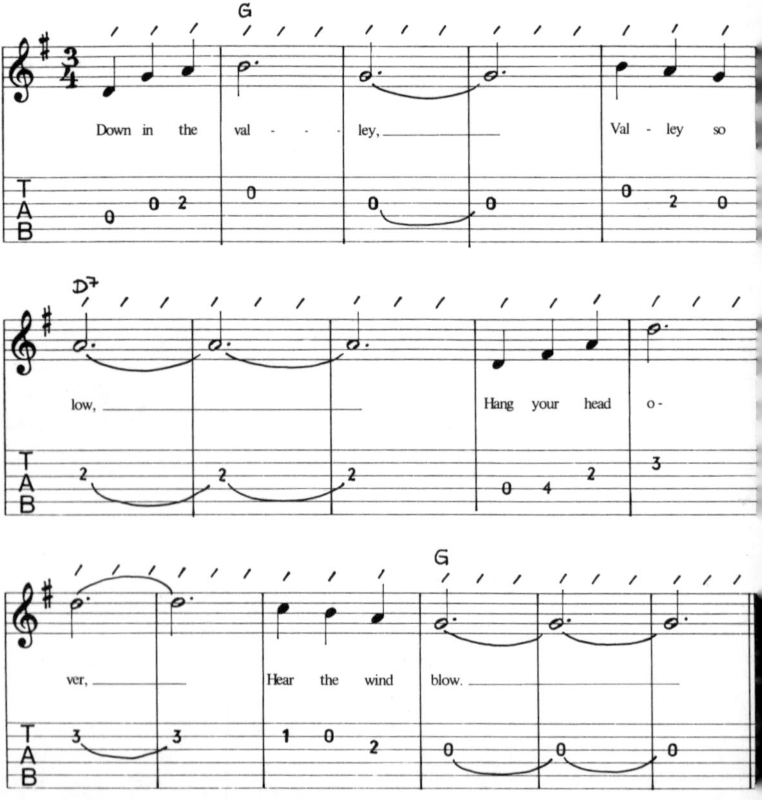

1. Down in the valley, valley so low,
Hang your head over, hear the wind blow.

2. Hear the wind blow, love, hear the wind blow,
Hang your head over, hear the wind blow.

3. If your don't love me, love whom you please.
Throw your arms 'round me, give my heart ease.

4. Give my heart ease, love, give my heart ease,
Throw your arms 'round me, give my heart ease.

5. Write me a letter, send it by mail,
Send it in care of the Birmingham Jail.

6. Birmingham Jail, love, Birmingham Jail,
Send it in care of the Birmingham Jail.

7. Build me a castle forty feet high,
So I can see her as she rides by.

8. As she rides by, love, as she rides by,
So I can see her as she rides by.

9. Roses love sunshine, violets love dew,
Angels in heaven know I love you.

10. Know I love you, dear, know I love you,
Angels in heaven know I love you.

Ab- und Aufschläge

Rhythmusschläge zwischen den Hauptzählzeiten werden als »+« gezählt und als Aufschlag ausgeführt. Muß ein solcher Aufschlag unmittelbar vor einem Akkordwechsel gespielt werden, so kann man ohne weiteres die Leersaiten anschlagen; neben der Erleichterung des Griffwechsels ergibt sich auch ein interessanter Klangeffekt.

Will man ohne Plektrum einen plektrumähnlichen Klang erzielen, so werden Abschläge mit den Fingern, Aufschläge mit dem Daumen ausgeführt – in beiden Fällen werden die Saiten mit dem Fingernagel angeschlagen.

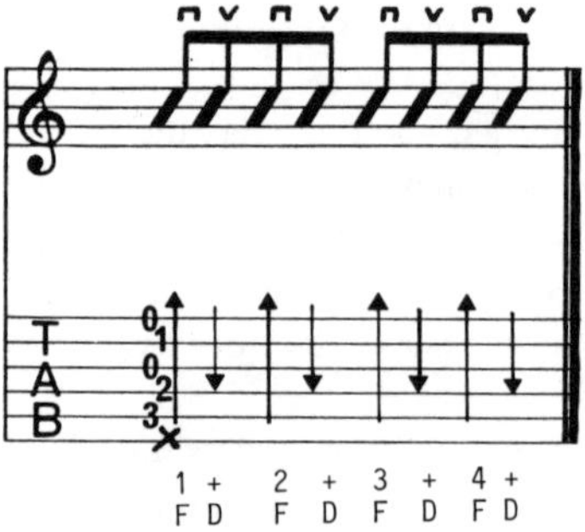

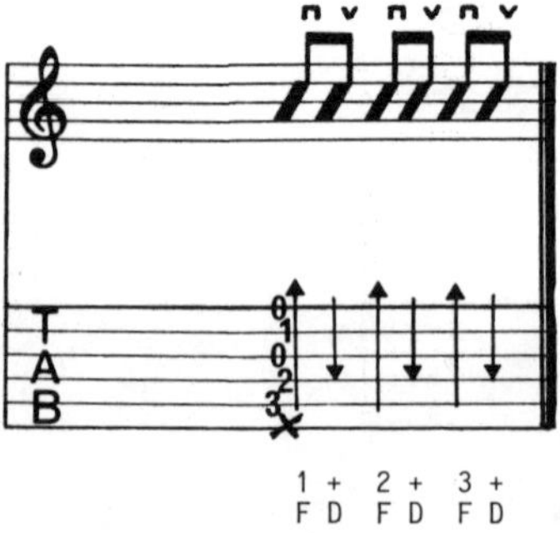

Der Western-Rhythmus

Da eine Liedbegleitung, in der nur Viertel- oder nur Achtel-Schläge ausgeführt werden, auf die Dauer recht eintönig wirkt, werden innerhalb eines Rhythmus-Musters meistens verschiedene Zeitwerte miteinander kombiniert. Die rechte Hand und der »zählende« Fuß behalten jedoch ihre gleichmäßige Ab-Auf-Bewegung bei.

Beim Western-Rhythmus werden die Aufschläge auf dem »+« der ersten und dem »+« der dritten Zählzeit nur in der Luft ausgeführt. Solche *»Luftschläge«* sind bei der Zählangabe durch Einklammern der entsprechenden Zählzeit kenntlich gemacht.

Grundform

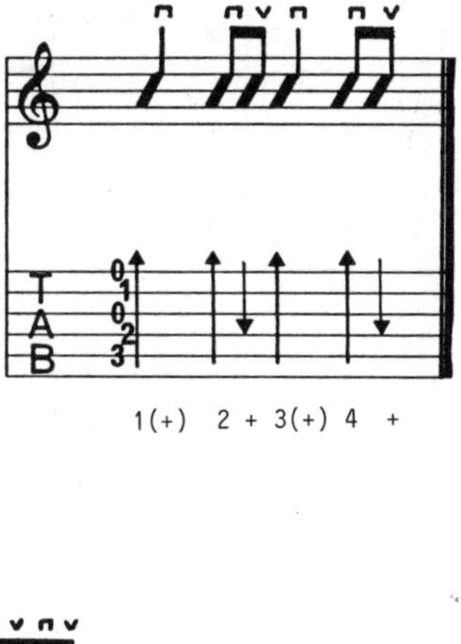

1(+) 2 + 3(+) 4 +

Varianten

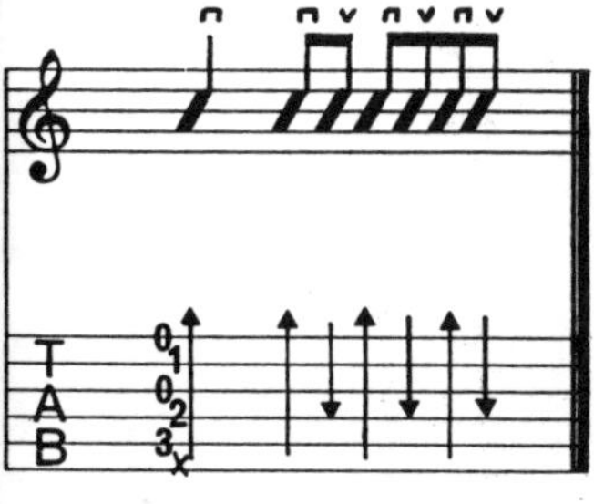

1 (+) 2 + 3 + 4 +

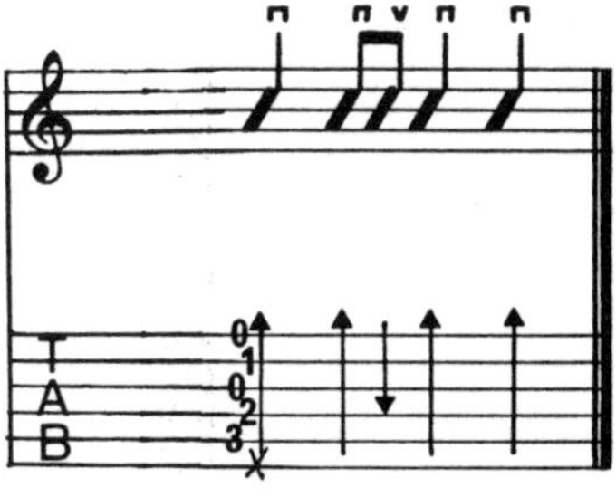

1(+) 2 + 3(+) 4(+)

Can the Circle Be Unbroken

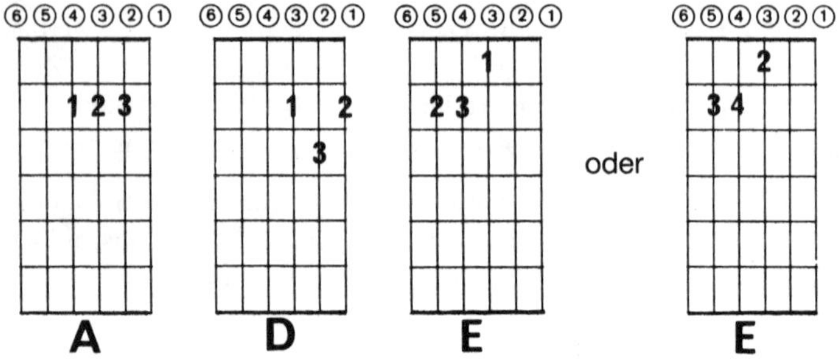

1. I was standing by the window
On one cold and cloudy day
When I saw the hearse come rolling
For to carry my mother away.

Refrain:
O, can the circle be unbroken,
By and by, Lord, by and by.
There's a better home awaiting
In the sky, Lord, in the sky.

2. Lord, I told the undertaker,
»Undertaker, please drive slow
For this body you are hauling,
Lord, I hate to see her go«.

3. For I followed close behind her,
Tried to cheer up and be brave;
But my sorrows, I could not hide them,
When they laid her in the grave.

4. Went back home, Lord, my home was
Since my mother she was gone. [lonesome,
All my brothers and sisters crying;
What a home, so sad and lone.

Achtung:
Die Hauptstrophen haben dieselbe Melodie wie der Refrain.

Hava nagila

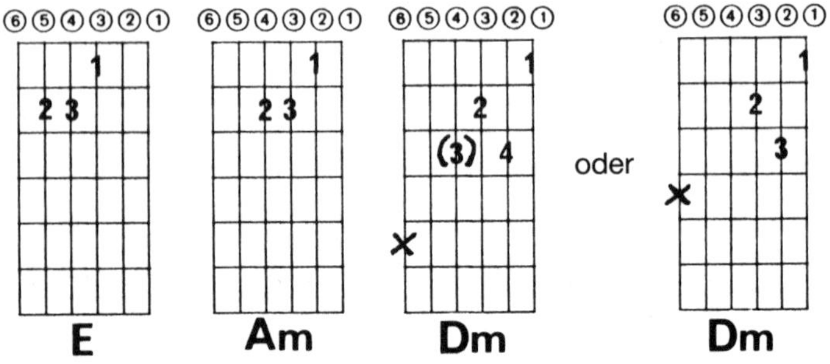
⑥⑤④③②①
E
Am
Dm
oder
Dm

E
Am
Ha - vah ___ na - gi - la, ha - vah ___ na - gi - la, ha - vah ___ na - gi - la
E Dm E E Dm
we - nis ___ m' cha. Ha - vah ne - ran - ne - na ha - vah ne - ran - ne - na,
E Dm E Am
ha - vah ___ ne - ran - ne - na we - nis ___ m' - cha. U - ru u - ru

Hava nagila, hava nagila,
Hava nagila, V'nis‿m'cha.
Hava n'ra‿n' na, hava‿n'ra n' na,
Hava n'ra‿n' na, V'nis‿m'cha.
Uru, uru a‿chim, uru a‿chim,
B'lev sa‿me‿ach,
Uru a‿chim, b'lev sa‿me‿ach
Uru a‿chim, b'lev sa‿me‿ach,
Uru a‿chim, uru a‿chim
Uru a‿chim b'lev sa‿me‿ach.

Take a Whiff on Me

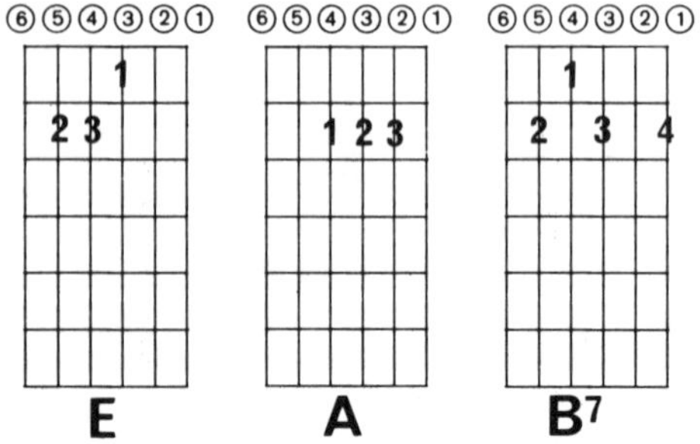

Take a whiff, take a whiff
Take a whiff, on me.
Everybody take a whiff on me.
Hey, hey, baby take a whiff on me.

Der Walzer-Rhythmus

Grundform

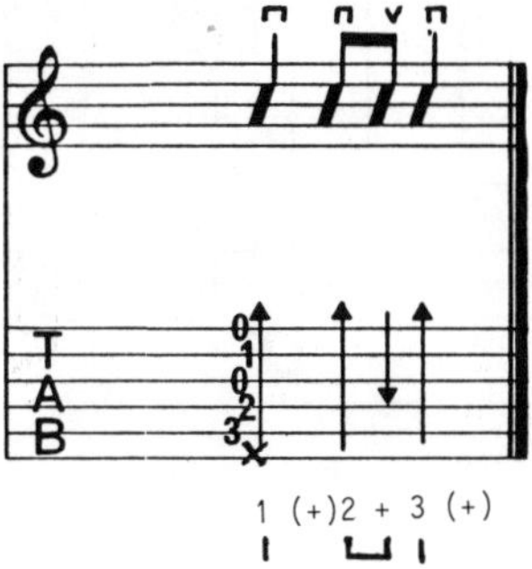

Varianten

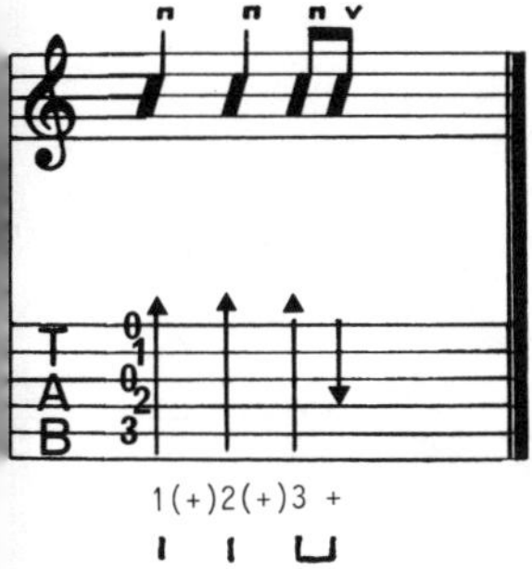

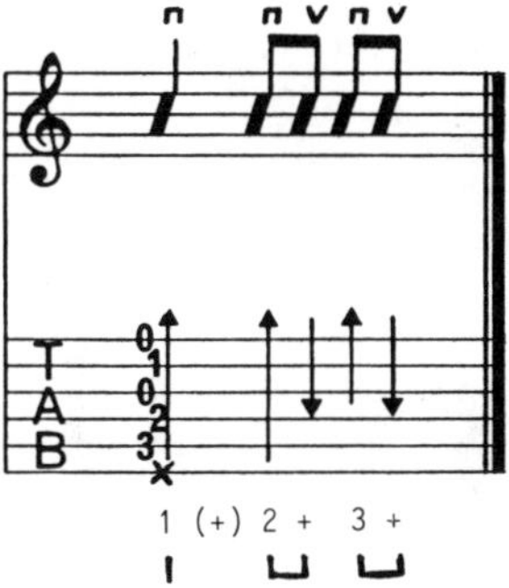

Clementine

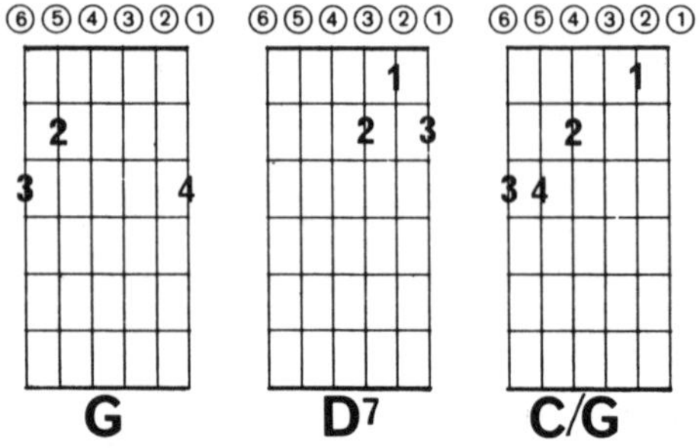
G
D7
C/G

G G D
In a cav - ern, in a can - yon, Ex - ca - vat - ing for a mine, Dwelt a
C/G G D7 G
min - ner, for - ty nin - er, And his daugh - ter, Clem - en - tine. Oh my
G G D7
dar - ling, oh my dar - ling, oh my dar - ling Clem - en - tine, You are

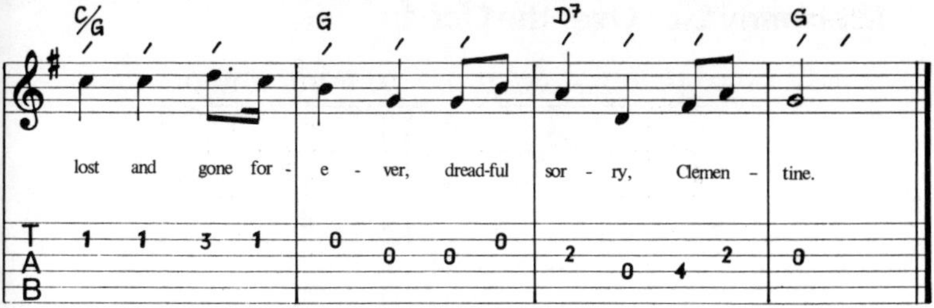

1. In a cavern, in a canyon, excavating for a mine,
   Dwelt a miner, forty-niner, and his daughter, Clementine.

   Refrain:
   Oh my darling, oh my darling, oh my darling Clementine,
   You are lost and gone forever, dreadful sorry, Clementine.

2. Light she was, and like a fairy, and her shoes were number nine,
   Herring boxes without topses, sandals were for Clementine.

3. Drove she ducklings to the water every morning just at nine,
   Hit her foot against a splinter, fell into the foaming brine.

4. Ruby lips above the water, blowing bubbles soft and fine,
   but, alas, I was no swimmer, so I lost my Clementine.

5. How I missed her! How I missed her! How I missed my Clementine!
   But I kissed her little sister, and forgot my Clementine.

My Bonny Lies Over the Ocean

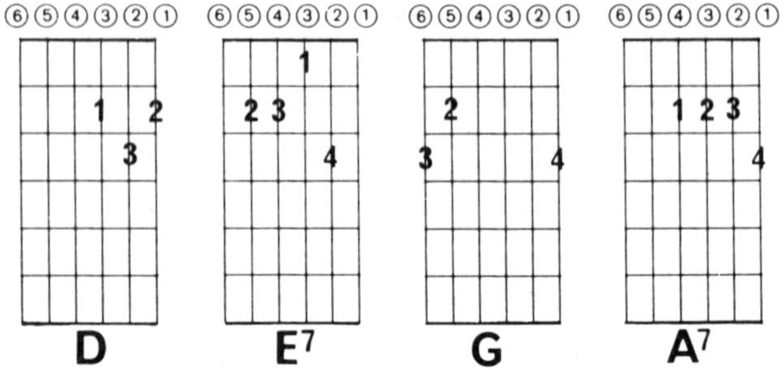

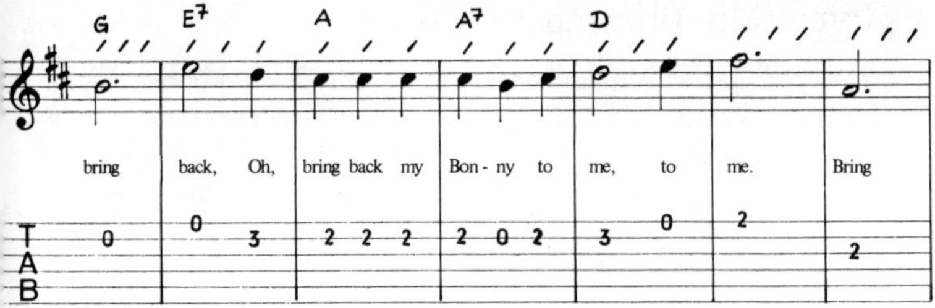

1. My Bonny lies over the ocean,
   My Bonny lies over the sea,
   My Bonny lies over the ocean,
   Please bring back my Bonny to me.

Refrain:
Bring back, bring back,
Oh, bring back my Bonny to me, to me.
Bring back, bring back,
Oh, bring back my Bonny to me.

2. Oh, blow, ye winds, over the ocean,
   And blow, ye winds, over the sea.
   Oh, blow, ye winds, over the ocean,
   And bring back my Bonny to me.

3. Last night as I lay on my pillow,
   Last night as I lay on my bed,
   Last night as I lay on my pillow,
   I dreamed that my Bonny was dead.

4. The winds have blown over the ocean,
   The winds have blown over the sea,
   The winds have blown over the ocean,
   And brought back my Bonny to me.

Zwei-Takt-Phrasen

Die verschiedenen Varianten des Western-Rhythmus können zu sogenannten *»Zwei-Takt-Phrasen«* zusammengestellt werden. Jeweils zwei Takte bilden eine rhythmische Einheit. Eine solche Zwei-Takt-Phrase wird innerhalb eines Liedes meistens längere Zeit beibehalten – oft für die gesamte Dauer eines Liedabschnittes. Dabei kann ohne weiteres innerhalb der Zwei-Takt-Phrase der Akkord gewechselt werden.

Beispiele:

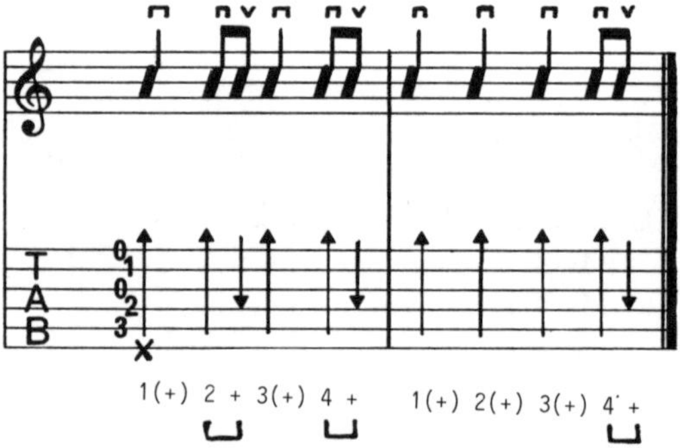

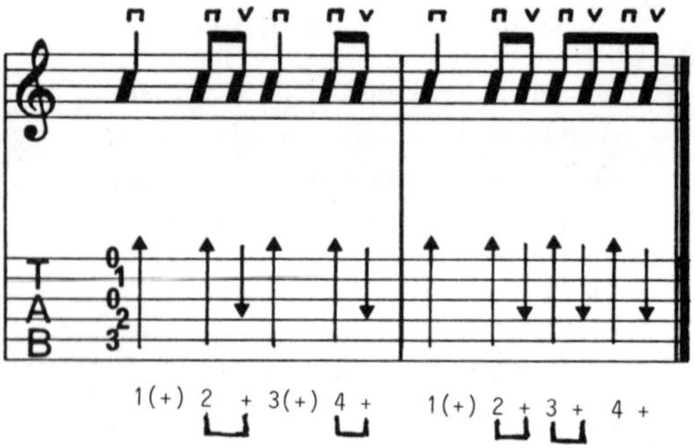

Solche Zwei-Takt-Phrasen können natürlich auch mit allen folgenden Schlagrhythmen sowie mit den später vorgestellten Akkordzerlegungen gebildet werden.

Jingle Bells

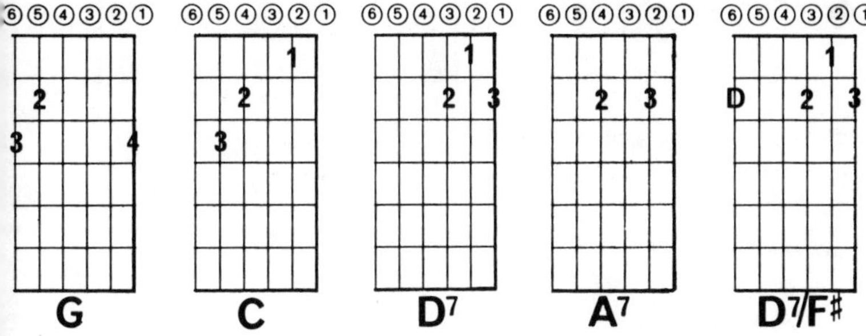

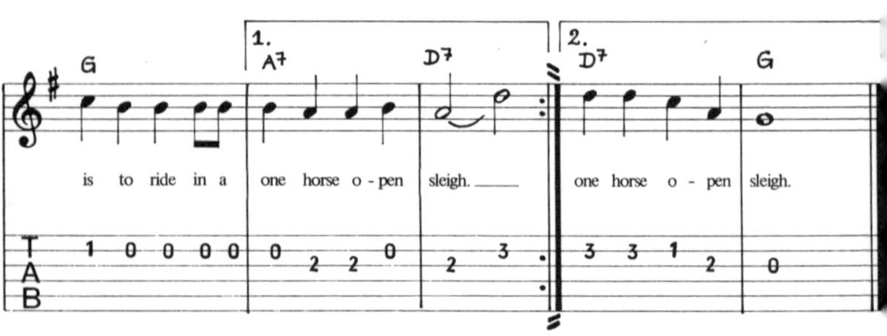

1. Dashing thru the snow,
   In a one horse open sleigh,
   O'er the fields we go,
   Laughing all the way,
   Bells on bobtail ring,
   Making spirits bright,
   What fun it is to ride and sing
   a sleighing song tonight.

   Refrain:
   Jingle bells, jingle bells, jingle all the way,
   Oh, what fun it is to ride in a one horse open sleigh.
   Jingle bells, jingle bells, jingle all the way,
   Oh, what fun it is to ride in a one horse open sleigh.

2. A day or two ago
   I thought I'd take a ride,
   And soon Miss Fannie Bright
   Was seated by my side;
   The horse was lean and lank,
   Misfortune seem'd his lot,
   He got into a drifted bank,
   And then we got upsot!

Daumen-Finger-Kombinationen

Spielt man ohne Plektrum, so bieten die verschiedenen Kombinationsmöglichkeiten von Daumen- und Fingerschlägen für ein und denselben Rhythmus unterschiedliche Klangvariationen; die Fingerabschläge erfolgen hier in erster Linie durch das Öffnen der Finger.

Grundformen

4/4-Takt

Eine einfache Daumen-Finger-Kombination für den 4/4-Takt ist das Anschlagen der Saiten auf der 1. und 3. Zählzeit eines Taktes mit dem Daumen, auf der 2. und 4. Zählzeit mit den Fingern. Hier werden die Rhythmusschläge auf zweiter und vierter Zählzeit hervorgehoben, wie dies in der Regel bei Country- und Western-Rhythmen der Fall ist; diese Betonung der »2« und der »4« bei der Begleitung wird als *»back beat«* bezeichnet.

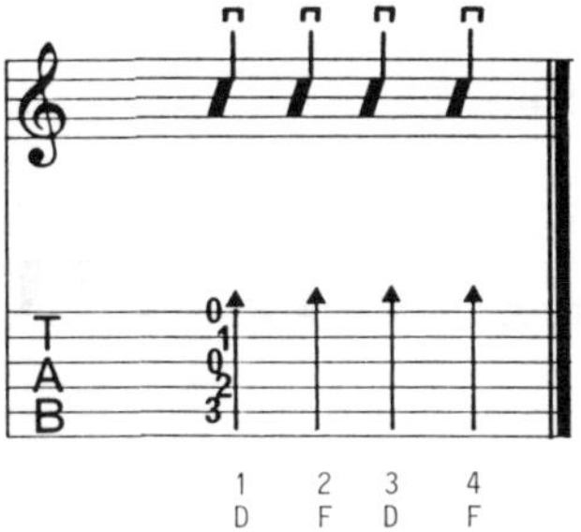

3/4-Takt

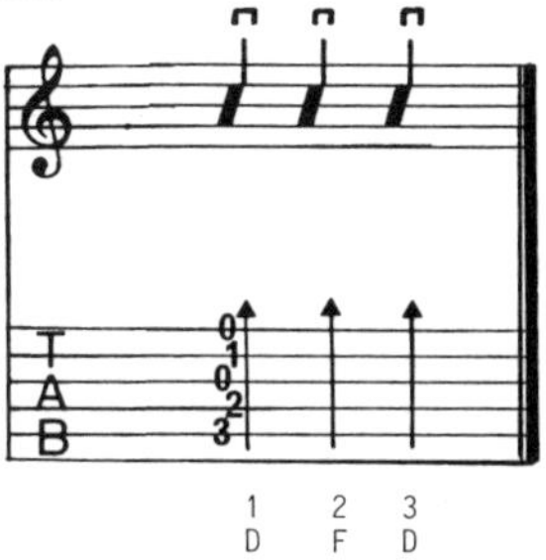

Daumen-Finger-Kombinationen beim Western-Rhythmus

Grundform

1(+) 2 + 3(+) 4 +
D F F D F F

Varianten

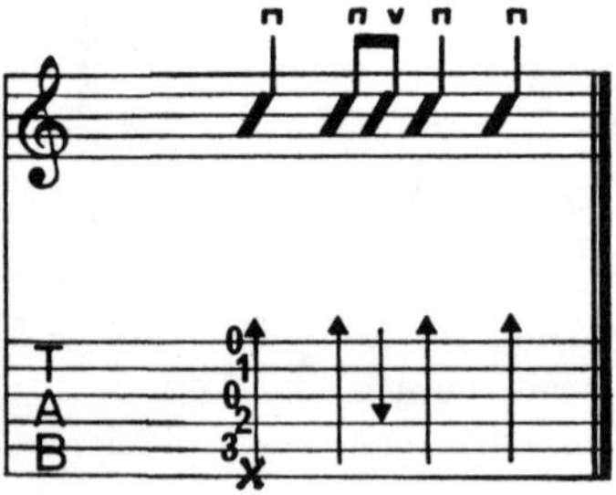

1(+) 2 + 3(+) 4(+)
D F F D F

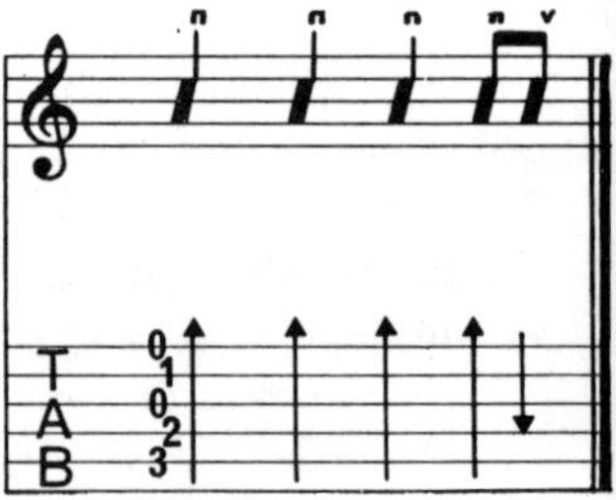

1(+) 2(+)3(+) 4 +
D F D F F

Daumen-Finger-Kombinationen beim Walzer-Rhythmus

Grundform

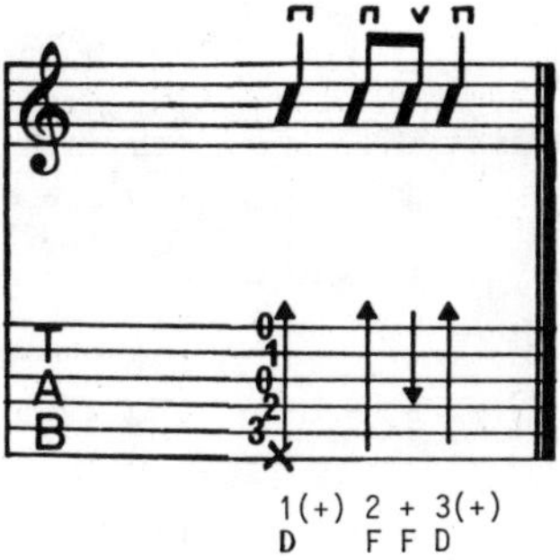

Varianten

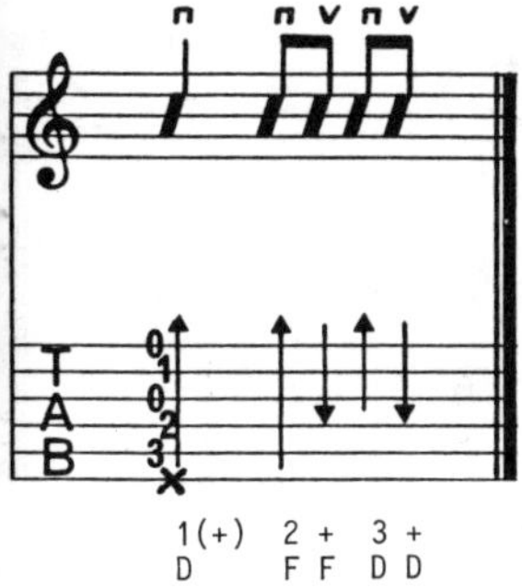

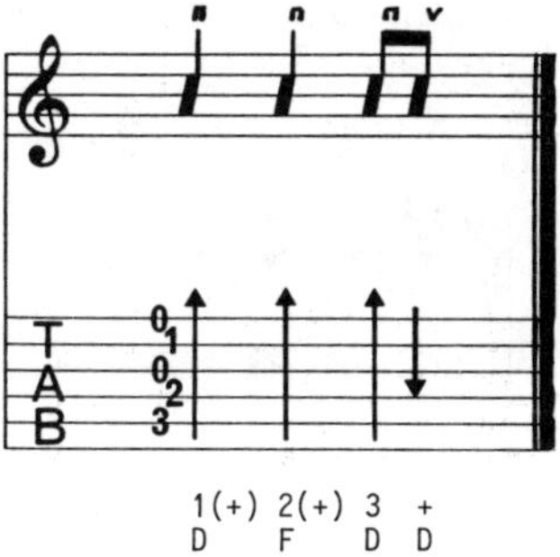

Little Brown Jug

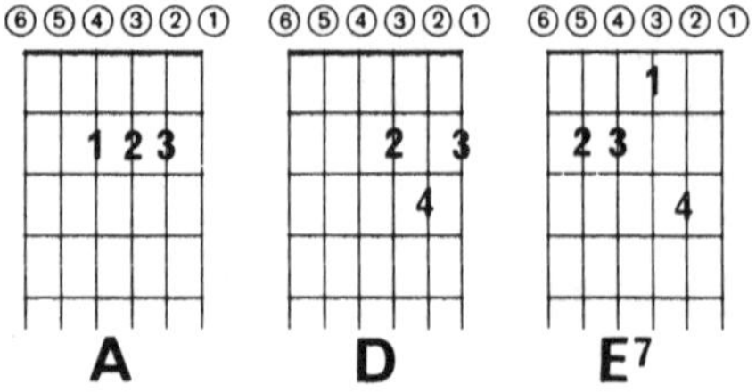

1. My wife and I lived all alone
In a little brown hut we call our own.
She loves gin and I love rum,
And I'll tell you what, don't we have fun?

Refrain:
Ha, ha, ha, you and me,
Little brown jug, don't I love thee?
Ha, ha, ha, you and me,
Little brown jug, don't I love thee?

2. 'Tis you that makes my friends, my foes,
'Tis you that makes me wear old clothes,
But there you are so near my nose,
So tip her up and down she goes.

3. When I go toiling on my farm,
Little brown jug under my arm.
Set her beneath some shady tree,
Little brown jug, don't I love thee?

4. One day when I went out to my farm,
Little brown jug was under my arm,
Stubbed my toe and down I fell
Broke that little jug all to hell.

5. I lay in the shade of a tree,
Little brown jug in the shade of me.
I raised her up and gave a pull,
Little brown jug was about half full.

6. Crossed the creek on a hollow log,
Me and the wife and the little brown dog.
The wife and the dog fell in the bog,
But I held on to the little brown jug.

7. When I die, don't bury me at all,
Just pickle my bones in alcohol.
Put a bottle of booze at my head and feet,
And then I know that I will keep.

Aunt Rhody

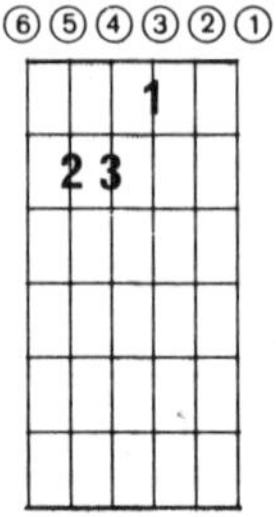

E

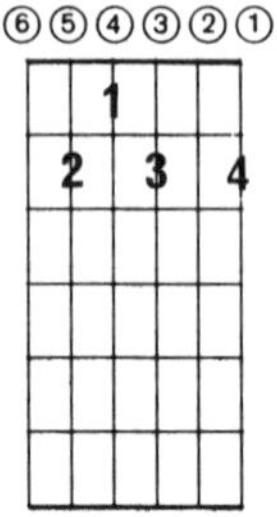

B7

1. Go tell Aunt Rhody,
Go tell Aunt Rhody,
Go tell Aunt Rhody
Her old grey goose is dead.

2. The one she's been savin',
The one she's been savin',
The one she's been savin'
To make a feather bed.

3. She died in the millpond,
She died in the millpond,
She died in the millpond
A-standin' on her head.

4. The old gander's mournin',
The old gander's mournin',
The old gander's mournin'
Because his wife is dead.

5. The goslin's are cryin',
The goslin's are cryin',
The goslin's are cryin'
Because their mammy's dead.

6. Go tell Aunt Rhody,
Go tell Aunt Rhody,
Go tell Aunt Rhody
That the old gray goose is dead.

She'll Be Comin' Round the Mountain

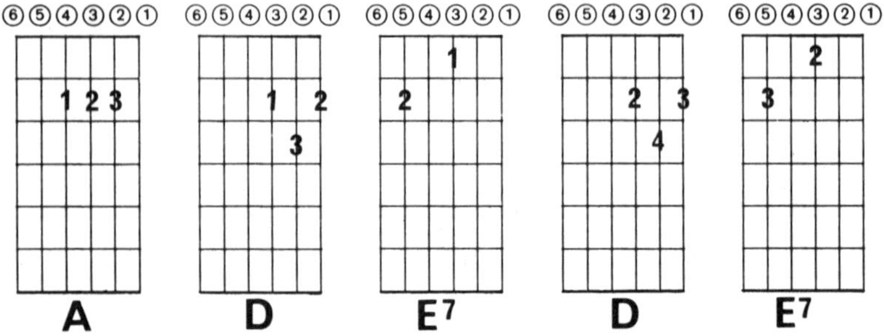

1. She'll be comin' 'round the mountain when she comes.
   She'll be comin' 'round the mountain when she comes.
   She'll be comin' 'round the mountain, she'll be comin' round the mountain,
   She'll be comin' 'round the mountain when she comes.

2. She'll be riding six white horses when she comes,
   She'll be riding six white horses when she comes,
   She'll be riding six white horses, she'll be riding six white horses,
   She'll be riding six white horses when she comes.

3. Oh, we'll all go out to meet her when she comes,
   Oh, we'll all go out to meet her when she comes,
   Oh, we'll all go out to meet her and we'll all be glad to greet her,
   Oh, we'll all go out to meet her when she comes.

4. Oh, we'll kill the old red rooster when she comes,
   Oh, we'll kill the old red rooster when she comes,
   Oh, we'll kill the old red rooster, 'Cause he don't crow like he uster,
   Oh, we'll kill the old red rooster when she comes.

5. We'll shout glory hallelujah when she comes.
   We'll shout glory hallelujah when she comes.
   We'll shout glory hallelujah, we'll shout glory hallelujah,
   We'll shout glory hallelujah when she comes.

Amazing Grace

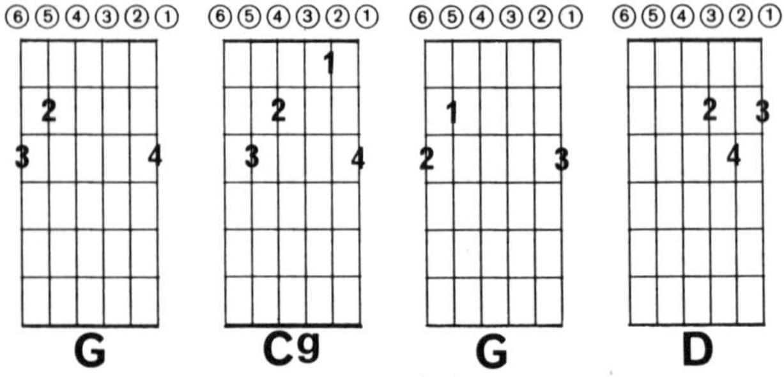

1. Amazing Grace, how sweet the sound,
That saved a wretch like me.
I once was lost, but now I'm found,
Was blind but now I see.

2. 'Twas grace that taught my heart to fear,
And grace my fear relieved.
How precious did that grace appear,
The hour I first believed.

3. Amazing Grace, how sweet the sound,
That saved a wretch like me.
I once was lost, but now I'm found,
Was blind but now I see.

4. When we've been there ten thousand years,
Bright shining as the sun.
We've no less days to sing God's praise,
Than when we first begun.

5. Amazing Grace, how sweet the sound,
That saved a wretch like me.
I once was lost, but now I'm found,
Was blind but now I see.

Der Baß-Akkord-Anschlag

In der für Country- und Western-Musik üblichen Form der Gitarrenbegleitung werden häufig in die Schlagrhythmen anstelle von Akkordabschlägen Baßnoten eingefügt, die mit dem Daumen angeschlagen werden.

Vorerst werden als Baßtöne nur die Grundtöne der jeweiligen Akkorde verwendet. Diese erhält man bei den Akkordtypen D, A und E durch Anspielen der (leeren) Baßsaite gleichen Namens, bei den Typen C und G durch Anschlagen des tiefsten gegriffenen (!) Tones.

Grundformen

Werden die Baßnoten auf der ersten und dritten Zählzeit eingesetzt (bei einem 3/4-Takt meistens nur auf der ersten Zählzeit), so erfolgen die verbleibenden Rhythmusschläge mit den Fingern; dabei werden nur die hohen Saiten (1.–3.) angeschlagen.
Wer generell mit dem Plektrum spielt, schlägt die Baßtöne wie auch die restlichen Akkordtöne mit dem Plektrum an.

4/4-Takt

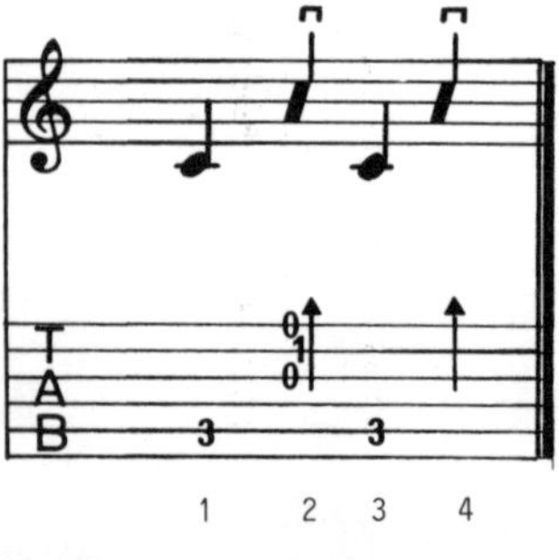

3/4-Takt

1 2 3

1 2 3

Der Baß-Akkord-Anschlag beim Western-Rhythmus

Beim Spielen des Western-Rhythmus in der Form des Baß-Akkord-Anschlages ergibt sich der typische Country- und Western-Sound, wie er von der Carter-Family, deren Nachfahren heute für Johnny Cash den Background liefern, kreiert wurde.

Grundform

1 (+) 2 + 3(+)4 +
D F F D F F

Varianten

1(+) 2 + 3(+) 4 (+)
D F F D F

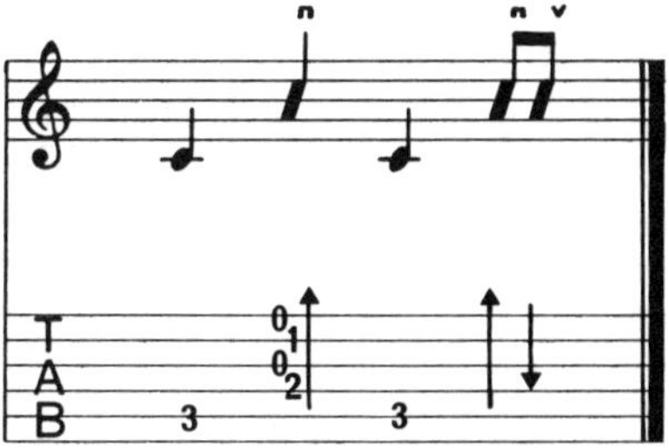

1 (+) 2 (+) 3 (+)4 +
D F D F F

Shady Grove

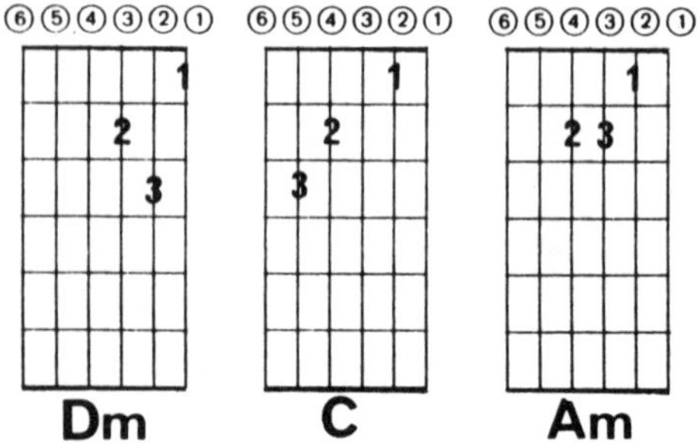
⑥⑤④③②①
Dm
C
Am

Dm C D C Dm
Am C D C Dm
Dm C D C Dm
Sha - dy Grove, my lit - le love, Sha - dy Grove, I say,

1. Shady Grove, my little love,
   Shady Grove, I say,
   Shady Grove, my little love,
   Bound for Shady Grove.

2. Wish I was in Shady Grove,
   Sittin' in a rockin' chair,
   And if those blues would bother me
   I'd rock away from there.

3. Had a banjo made of gold,
   Every string would shine,
   The only song that it would play was
   Wish that girl was mine.

4. When I was a little boy,
   All I wanted was a knife.
   Now I am a great big boy,
   I'm a'lookin' for a wife.

5. When I was in Shady Grove,
   Heard them pretty birds sing;
   The next time I go to Shady Grove
   Take along a diamond ring.

6. When you go to catch a fish,
   Fish with a hook and line.
   When you go to court a girl
   Never look back behind.

Hush, Little Baby

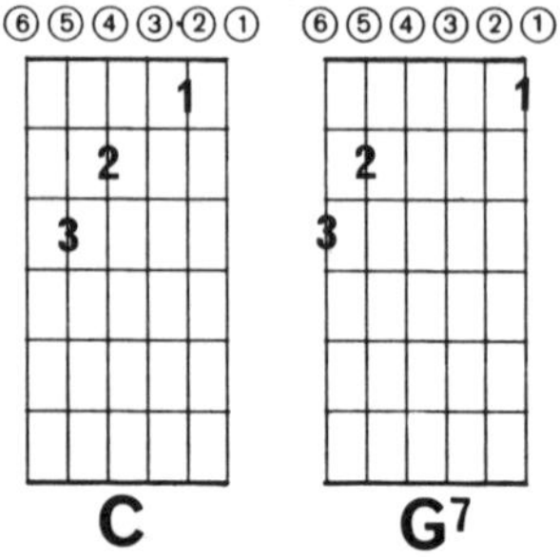

1. Hush, little baby, don't say a word,
   Poppa's gonna buy you a mocking bird,
   If that mocking bird don't sing,
   Poppa's gonna buy you a diamond ring.

2. And if that diamond ring is brass,
   Papa's gonna buy you a looking-glass,
   And if that looking-glass gets broke,
   Papa's gonna buy you a billy goat.

3. And if that billy goat don't pull,
   Papa's gonna buy you a chart and bull.
   And if that cart and bull turn over,
   Papa's gonna buy you a dog named Rover.

4. And if that dog named Rover don't bark,
   Papa gonna buy you a horse and cart.
   And if that horse and cart fall down,
   You'll still be the sweetest little baby in town.

Happy Birthday

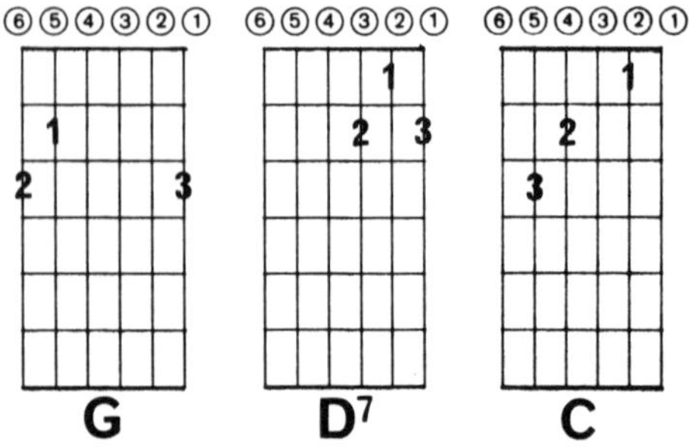

Happy Birthday to you,
Happy Birthday to you,
Happy Birthday dear…
Happy Birthday to you.

Klassische Zupfmuster

Das Zupfen von Akkorden

Die Abschläge bei den Baß-Akkord-Anschlägen können auch durch ein Anzupfen der ersten drei Saiten ersetzt werden. Den einzelnen Fingern der rechten Hand wird jeweils eine Saite zugeordnet: Dem Daumen die Baßsaite, dem Zeigefinger die dritte, dem Mittelfinger die zweite und dem Ringfinger die erste Saite.

4/4-Takt

3/4-Takt

Akkordzerlegungen

Bei den klassischen Akkordzerlegungen zupfen die Finger der rechten Hand die einzelnen Akkordtöne nicht gleichzeitig, sondern nacheinander.

4/4-Takt

Mittel- und Ringfinger zupfen die erste und zweite Saite gleichzeitig an:

1 + 2 + 3 + 4 +

D Z R Z D Z R Z
M M

Zeige-, Mittel- und Ringfinger zupfen nacheinander die ihnen zugeordneten Saiten an – *»Harfenanschlag«*:

Grundform

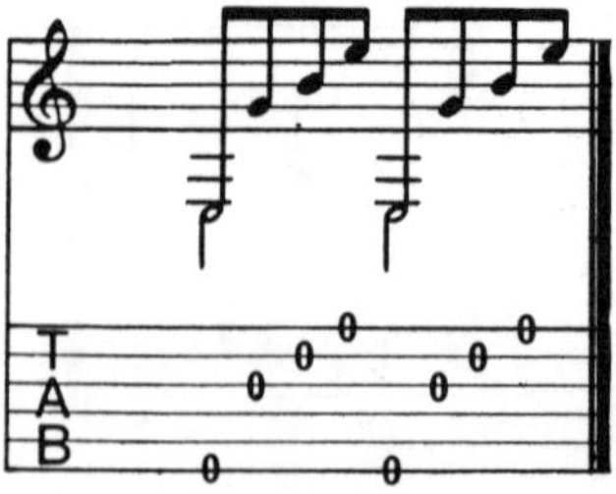

1 + 2 + 3 + 4 +

D Z M R D Z M R

Umkehrung

1 + 2 + 3 + 4 +

D R M Z D R M Z

Die einzelnen Hälften der Akkordzerlegungen werden miteinander kombiniert, so daß sich neue, interessante Zupfmuster ergeben:

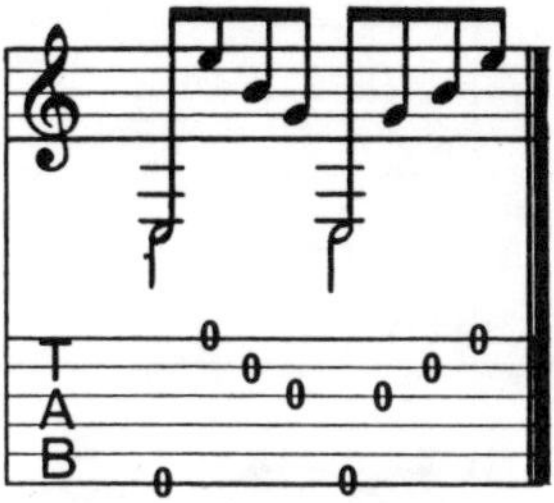

1 + 2 + 3 + 4 +
D R M Z D Z M R

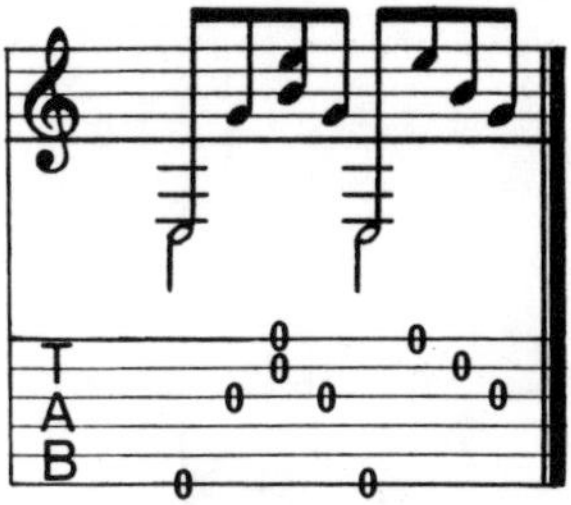

1 + 2 + 3 + 4 +
D Z R Z D R M Z
M

1(+) 2(+)3 + 4 +
D R D Z M R
M
Z

3/4-Takt

Eintaktiges Muster

1 a + a 2 a + a
D Z R Z D Z R Z
M M

Gypsy Davy

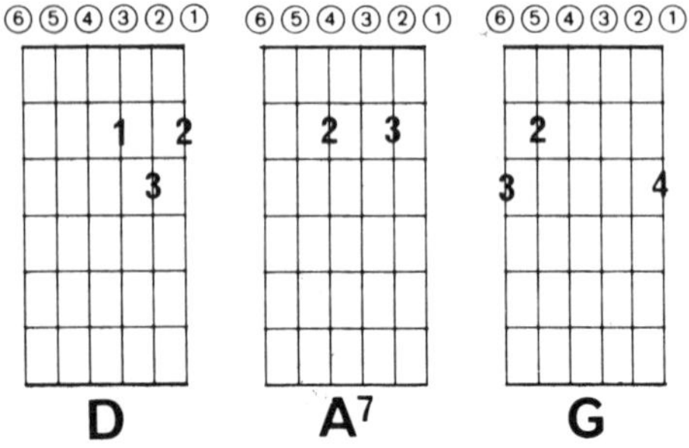
⑥⑤④③②①
D
A7
G

D
A7
It was late last night when the boss came home a-
G
A7
ask - ing for his la - dy. The on - ly
A7
A7
G
A7
an - swer he re - - ceived, "She's gone with the Gyp - sy
T
A
B

1. It was late last night when the boss came home
Asking for his lady.
The only answer he received,
»She's gone with the Gypsy Davy,
She's gone with the Gypsy Dave.«

2. Go saddle for me my buckskin horse
And a hundred-dollar saddle.
Point out to me their wagon tracks
And after them I'll travel,
After them I'll ride.

3. Well I had not rode to the midnight moon
When I saw the campfire gleaming.
I heard the notes of the big guitar
And the voice of the Gypsies singing
That song of the Gypsy Dave.

4. There in the light of the camping fire,
I saw her fair face beaming.
Her heart in tune to the big guitar
And the voice of the Gypsies singing
That song of the Gypsy Dave.

5. Have you forsaken your house and home,
Have you forsaken your baby?
Have you forsaken your husband dear
To go with the Gypsy Davy,
And sing with the Gypsy Dave.

6. Yes I've forsaken my husband dear
To go with the Gypsy Davy,
And I've forsaken my mansion high
But not my blue-eyed baby,
Not my blue-eyed babe.

7. She smiled to leave her husband dear
And go with the Gypsy Davy;
But the tears come a-trickling down her cheeks
To think of the blue-eyed baby,
Pretty little blue-eyed babe.

8. Take off, take off your buckskin gloves
Made of Spanish leather;
Give to me your lily-white hand
And we'll ride home together,
We'll ride home again.

9. No, I won't take off my buckskin gloves,
They're made of Spanish leather.
I'll go my way from day to day
And sing with the Gypsy Davy,
That song of the Gypsy Dave.

Kumbaya

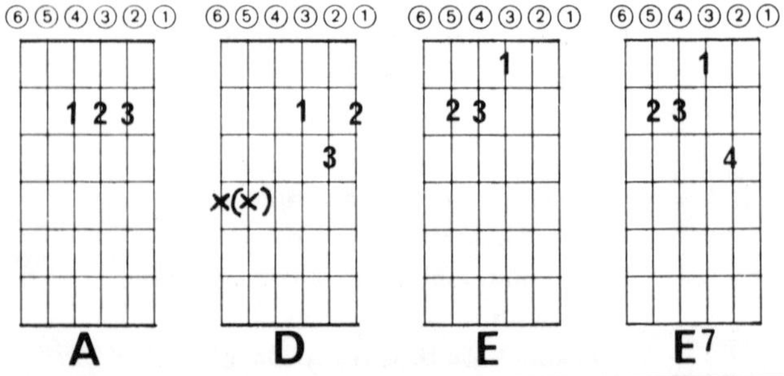

1. Kumbaya, my Lord, kumbaya,
   Kumbaya, my Lord, kumbaya,
   Kumbaya, my Lord, kumbaya,
   Oh, Lord, kumbaya.

2. Someone's singing, Lord, kumbaya…

3. Someone's weeping, Lord, kumbaya…

4. Someone's dancing, Lord, kumbaya…

5. Someone's shouting, Lord, kumbaya…

6. Someone's praying, Lord, kumbaya…

The Four Marys

1)

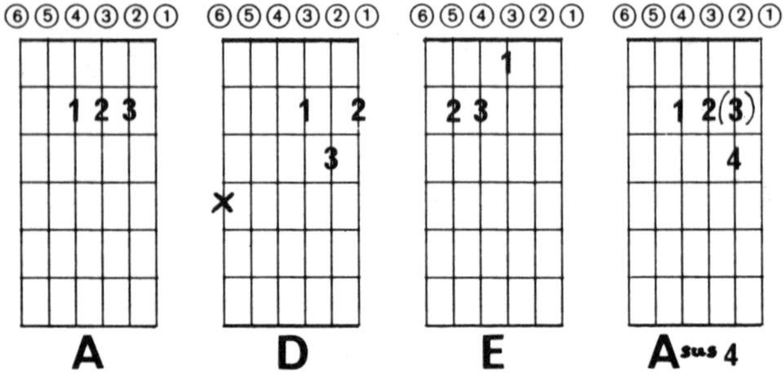

oder 2)

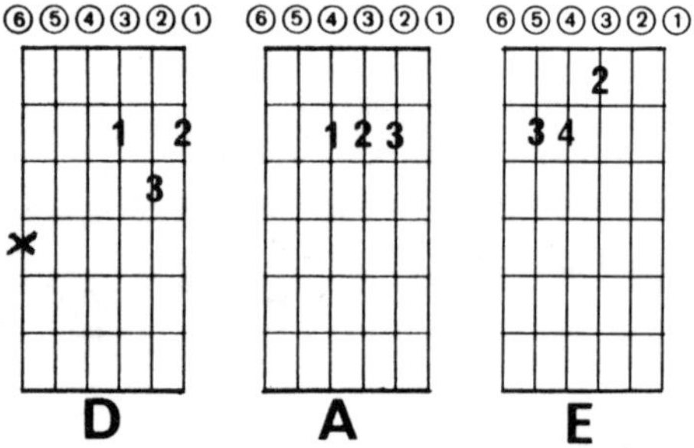

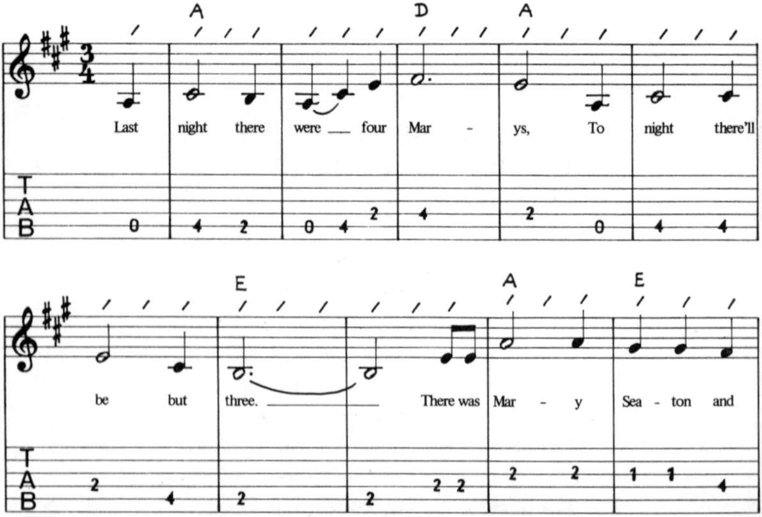

1. Last night there were four Marys,
Tonight there'll be but three.
There was Mary Seaton and Mary Beaton
And Mary Carmichle and me.

2. Oh, often have I dressed my queen
And put on her braw silk gown,
But all the thanks I've got tonight,
Is to be hanged in Edinborough Town.

3. Full often have I dressed my queen,
Put gold upon her hair,
But I have got for my reward
The gallows to be my share.

4. Oh, little did my mother know,
The day she cradled me,
The land I was to travel in,
The death I was to dee.

5. Oh, happy, happy is the maid
That's born of beauty free;
Oh, it was my rosy dimpled cheeks
That's been the devil to me.

6. They'll tie a kerchief around my eyes,
That I may not see to dee,
And they'll never tell my father or mother
But that I'm across the sea.

Toombalalaika

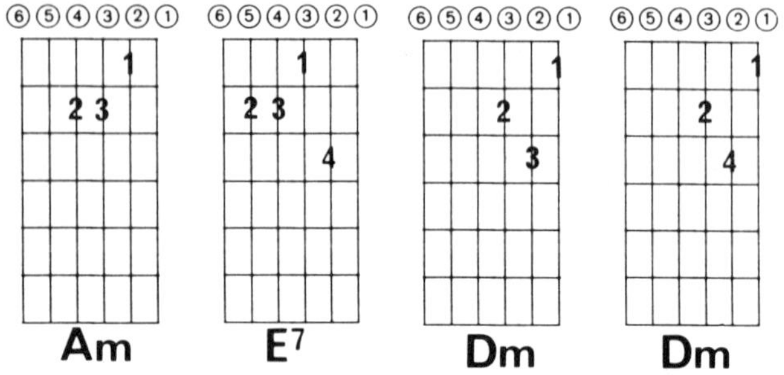

1. Shteyt a bocher oon er tracht,
Tracht und tracht die ganze nacht;
Vemen tsu nemen, oon nit farshemen,
Vemen, tsu nemen, oon nit far shemen.
Toombala, toombala, toombalalaika,
Toombala, toombala, toombalalaika,
Toombalalaika.

2. Meydl, meydl, ich vill bei dir fregen,
Vos ken vaksn, vaksn ohn regn?
Vos ken brennen oon nit oyfheren?
Vos ken beynkn, veynen ohn treren?

3. Narisher bocher, vos darfst du fregen,
A shteyn ken vaksn, vaksn ohn regn,
A liebe ken brennen oon nit oyfheren,
A hartz ken beynken, veynen ohn treren.

Der Wechselbaß

Allgemeines

Bei Schlagrhythmen mit eingefügten Baßnoten oder auch bei Akkordzerlegungen braucht nicht nur der Grundton des Akkords verwendet zu werden – man kann auch zwischen zwei verschiedenen Akkordtönen wechseln *(»einfacher Wechselbaß«)*.

Hierbei ergeben sich für jeden Grifftyp verschiedene Kombinationsmöglichkeiten, wobei der Grundton als »stärkster« Akkordton nach Möglichkeit immer auf der ersten Hauptzählzeit gespielt wird.

Akkordgriffe	Grundton auf Saite	Wechselbaßnote auf Saite
C, C/G, C^7, A, A^7, Am	5	6
	5	4
	5	3
G, G^7, E, E^7, Em	6	5
	6	4
	6	3
D, D^7, E, E^7, Em	4	5
	4	3

gilt nur für diesen E^7-Griff:

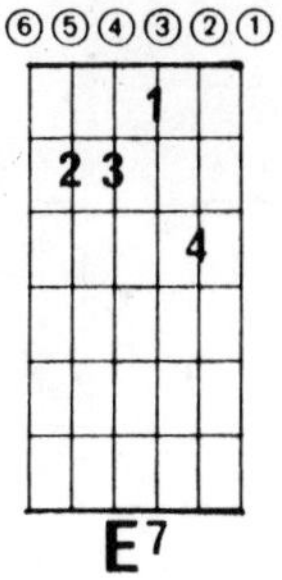

Diese Wechselbaß-Kombinationen sind für 4-Finger-Zupfsysteme nicht geeignet.

4/4-Takt

Beim nächsten Lied können wir die angegebenen Baßtöne mit beliebigen Schlagrhythmen oder Zupfmustern ergänzen.

Wird ein Akkord über mehrere Takte hinweg beibehalten, so können auf den Taktschlägen der dritten Zählzeit verschiedene Wechselbaßnoten gespielt werden (doppelter Wechselbaß).

Cripple Creek

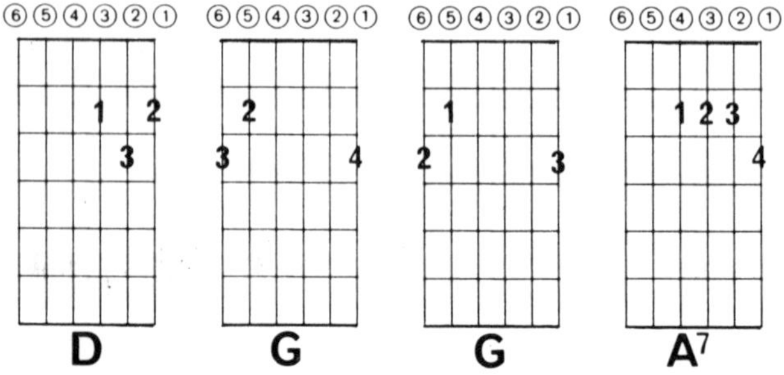

Vorübung mit Wechselbaß

1. I got a gal at the head of the creek,
Go up to see her 'bout the middle of the week,
Kiss her on the mouth, just as sweet as any wine,
Wraps herself around me like a sweet potato vine.

Refrain:
Goin' up Cripple Creek, goin' in a run,
Goin' up Cripple Creek to have a little fun.
Goin' up Cripple Creek, goin' in a whirl,
Goin' up Cripple Creek to see my girl.

2. Girls on the Cripple Creek 'bout half grown,
Jump on a boy like a dog on a bone.
Roll my britches up to my knees,
I'll wade old Cripple Creek when I please.

3. Cripple Creek's wide and Cripple Creek's deep,
I'll wade old Cripple Creek afore I sleep,
Roads are rocky and the hillside's muddy
And I'm so drunk that I can't stand steady.

Übungsstück

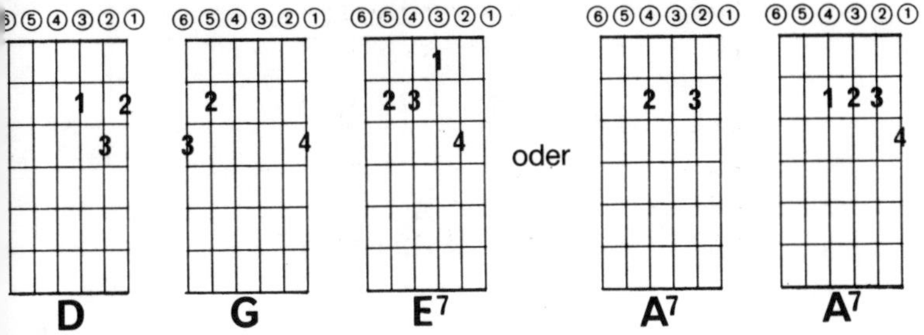

Greensleeves

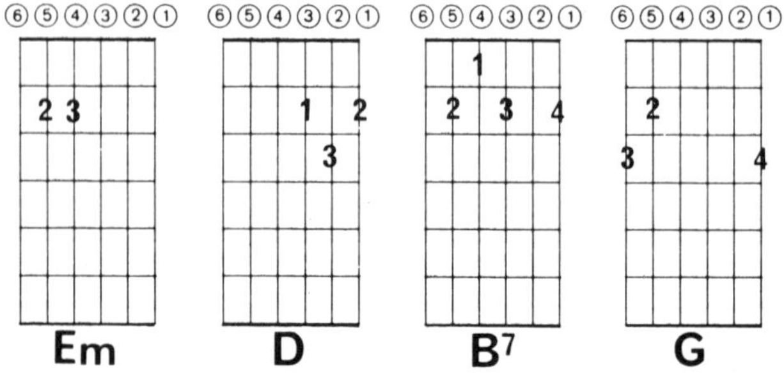

3/4-Takt

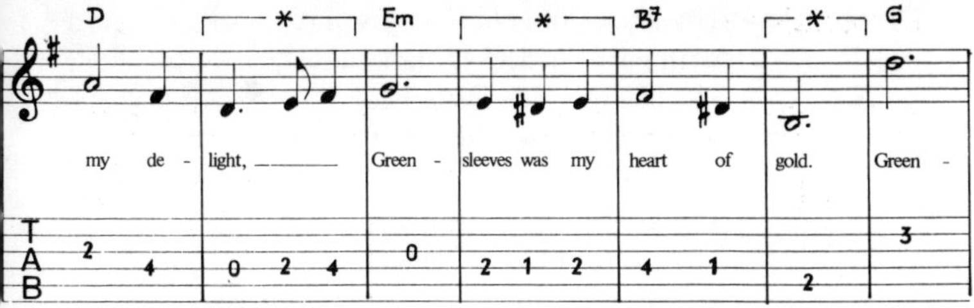

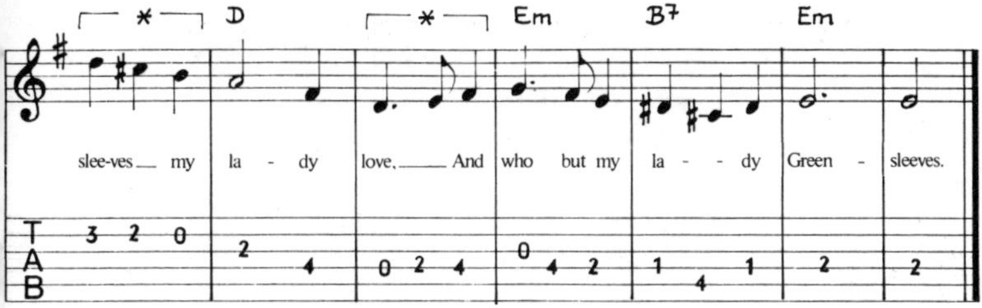

1. Alas, my love, you do me wrong
To cast me out discourteously,
When I have loved you so long,
Delighting in your company.

Refrain:
Greensleeves was my delight,
Greensleeves was my heart of gold.
Greensleeves was my lady love,
And who but my lady Greensleeves.

2. I have been ready at your hand
To grant whatever you would crave;
I have both wagered life and land,
Your love and good will for to have.

3. I bought thee kerchiefs to thy head
That were wrought fine and gallantly;
I kept thee both at board and bed,
Which cost my purse well favoredly.

4. Thy smock of gold so crimson red,
With pearls bedecked sumptuously.
The like no other lasses had,
And yet thou wouldest not love me.

5. Thy gown was of the grassy green,
Thy sleeves of satin hanging by;
Which made thee be our harvest queen,
And yet thou wouldest not love me.

6. Thou couldst desire no earthly thing,
But still thou hadst it readily;
Thy music still to play and sing,
And yet thou wouldest not love me.

7. Well, I will pray to God on high
That thou my constancy mayst see;
And that yet once before I die
Thou wilt vouchsafe to love me.

8. Greensleeves, now farewell, adieu!
God I pray to prosper thee;
For I am still thy lover true –
Come once again and love me.

Der Einsatz von Western- und Walzer-Rhythmen und klassischen Zupfmustern bei verschiedenen Taktarten

Die folgenden Rhythmen können als normale Schlagrhythmen, mit Daumen-Finger-Kombinationen oder mit Baß-Akkord-Anschlag gespielt werden.

Der 2/4-Takt

Hier wird – im Vergleich zum 4/4-Takt – für jeden Zeitwert die nächstkleinere Einheit eingesetzt.

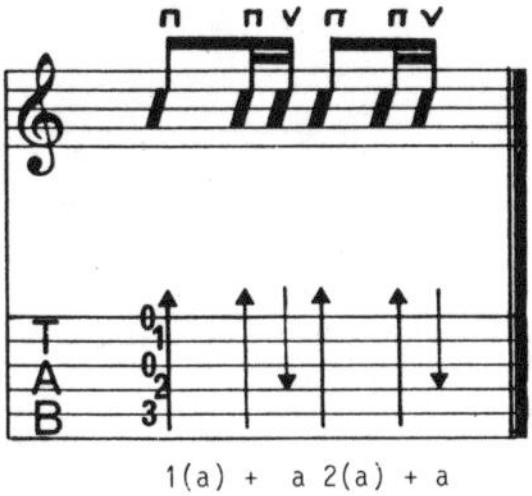

Der 3/8-Takt

Hier wird zwar der Takt genauso ausgezählt wie bei einem 3/4-Takt, die Grundwerte sind jedoch Achtelschläge. Lieder im 3/8-Takt werden meist schneller gespielt als Lieder im 3/4-Takt.

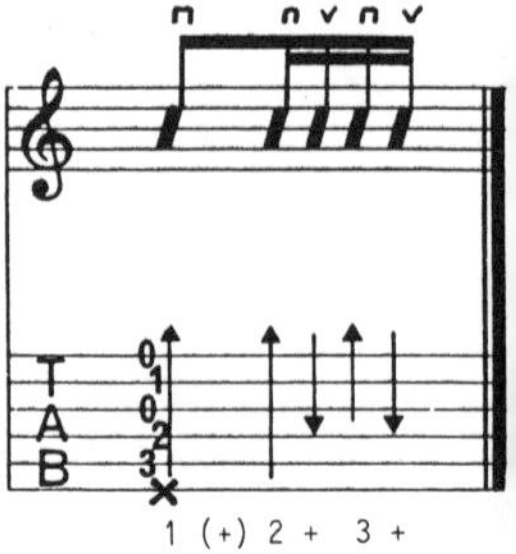

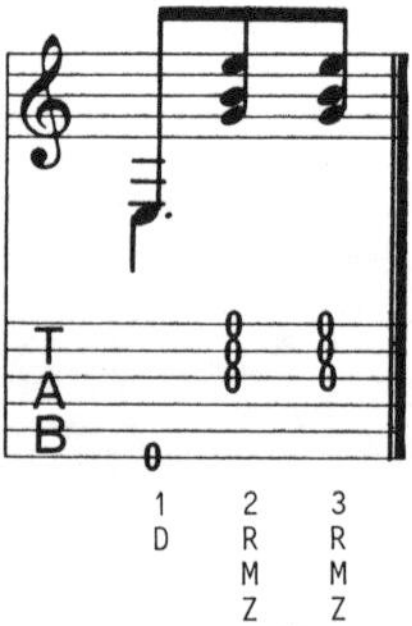

Der 6/8-Takt

Beim 6/8-Takt kann man auch von zwei 3/8-Takten sprechen, die zusammengefaßt sind. Die 3/8-Takt-Rhythmen und Zupfmuster können daher auch für den 6/8-Takt verwendet werden.

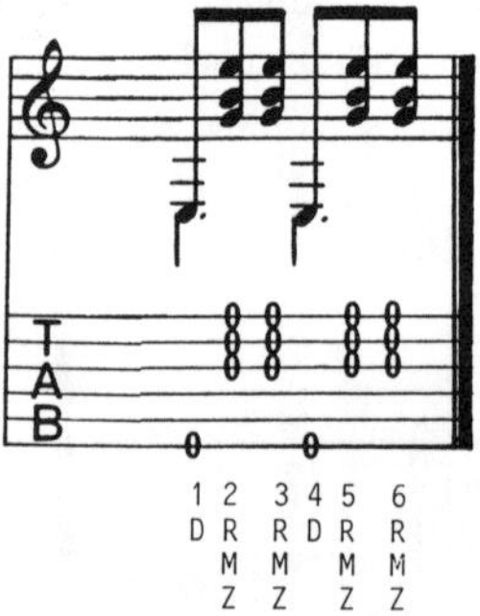

Reine 6/8-Takt-Zupfmuster

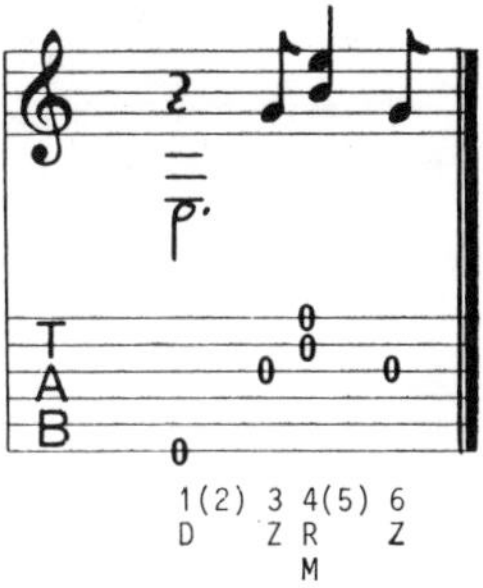

Der 12/8-Takt

Durch Zusammenfügen von zwei 6/8-Takten erhält man den 12/8-Takt. Bei ihm liegen die stärksten Betonungen auf der vierten und auf der zehnten Zählzeit.

Der 12/8-Takt ist auch der Grundrhythmus für den Blues.

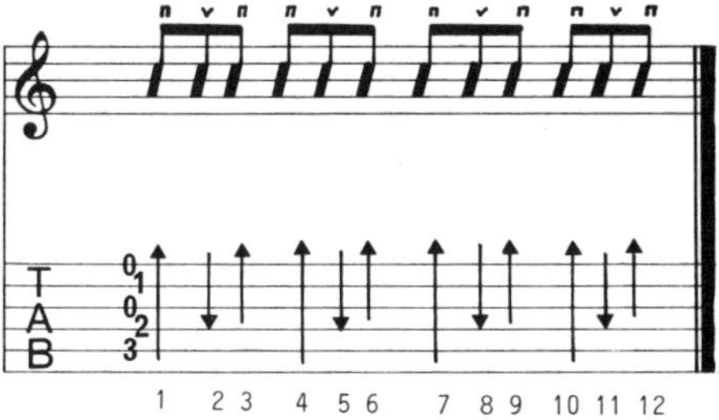

What Shall We Do with the Drunken Sailor?

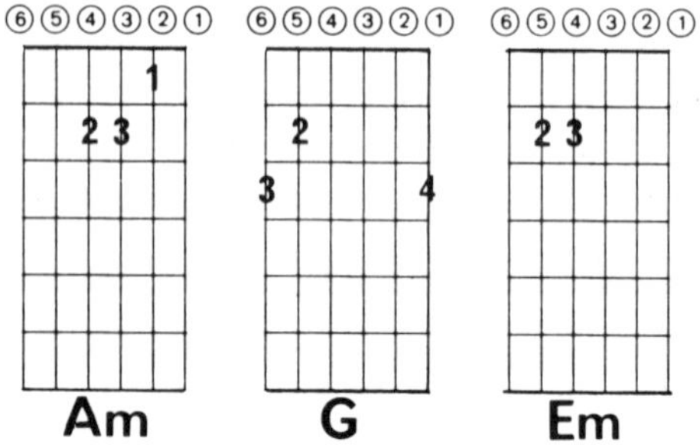

1. What shall we do with the drunken sailor?
What shall we do with the drunken sailor?
What shall we do with the drunken sailor?
Earlye in the morning.

Refrain:
Hooray, and up she rises,
Hooray, and up she rises,
Hooray, and up she rises,
Earlye in the morning,

2. Give him a dose of salent water!
Give him a dose of salent water!
Give him a dose of salent water!

3. Give him a dash with a besom's rubber!
Give him a dash with a besom's rubber!
Give him a dash with a besom's rubber!

4. Pull out the plug and wet him all over!
Pull out the plug and wet him all over!
Pull out the plug and wet him all over!

5. Put him in the scuppers with a hose pipe on him!
Put him in the scuppers with a hose pipe on him!
Put him in the scuppers with a hose pipe on him!

6. Heave him by the leg in a running bowline!
Heave him by the leg in a running bowline!
Heave him by the leg in a running bowline!

7. That's what we'll do with the drunken sailor.
That's what we'll do with the drunken sailor.
That's what we'll do with the drunken sailor.

Achtung:
Der Refrain hat dieselbe Melodieführung wie die Hauptstrophe.

Stewball

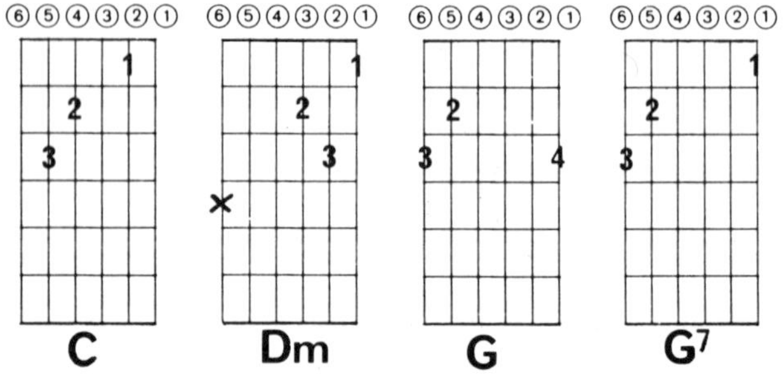

1. There's a big day in Dallas
   And I wish I were there,
   Spend my last hundred dollars
   on that iron gray mare.

2. Well, I don't mind horse racing
   If it wasn't for my wife.
   Old Stewball may stumble,
   And away with my life, wife and baby.

3. Old Stewball was a black horse,
   Just as slick as a mole.
   He had a ring ’round his fore-shoulder
   And it shined just like gold.

4. Old Stewball was a racehorse,
   But the poor horse was blind;
   He ran so fast down in Texas,
   He left his shadow behind.

5. Old Stewball was a racehorse,
   And old Molly, she was too;
   Old Molly, she stumbled
   And Old Stewball flew ’round the track.

John Brown's Body

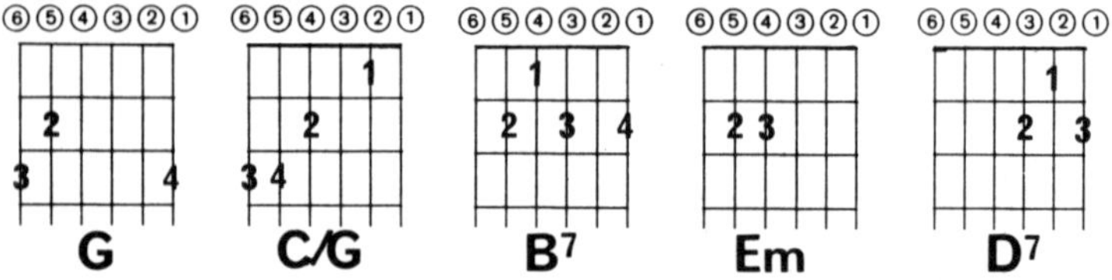

1. John Brown's body lies amouldring in the grave,
John Brown's body lies amouldring in the grave,
John Brown's body lies amouldring in the grave,
His soul is marching on.

Refrain:
Glory, glory, halelujah!
Glory, glory, halelujah!
Glory, glory, halelujah!
His soul is marching on.

2. He captured Harper's Ferry with his nineteen men so true,
And he frightened old Virginia till she trembled through and through.
They hung him or a traitor, they themselves the traitor crew,
But his soul is marching on!

3. He's gone to be a soldier in the army of the Lord
He's gone to be a soldier in the army of the Lord
He's gone to be a soldier in the army of the Lord
His soul is marching on!

4. John Brown died that the slave might be free,
John Brown died that the slave might be free,
John Brown died that the slave might be free,
And his soul is marching on!

5. The stars of Heaven are looking kindly down,
The stars of Heaven are looking kindly down,
The stars of Heaven are looking kindly down,
On the grave of old John Brown.

6. Now has come the glorious jubilee,
Now has come the glorious jubilee,
Now has come the glorious jubilee,
When all mankind is free.

Der Kapodaster

Zum Wechseln der Tonart

Mit einem *Kapodaster* (auch *»Kapo«* genannt) kann man das Griffbrett verkürzen und auch in höheren Lagen mit den einfachen Grundgriffen spielen. Ein Kapodaster verändert dabei wie ein *Barrégriff* den Akkord. Aus C-Dur ohne Kapodaster wird im zweiten Bund D, im vierten Bund E. Vor allem beim Begleiten von Liedern ist ein Kapodaster sehr nützlich, denn man kann eine zum Singen geeignete Tonart finden, indem man einfach den Kapodaster entsprechend auf dem Griffbrett verschiebt. Auch beim Zusammenspielen kann beispielsweise der eine Gitarrist mit den Grundgriffen in einer bestimmten Tonart spielen, während sein Partner die gleiche Tonart mit Hilfe des Kapodasters erzielt. Oft bekommt das Gitarrespiel dadurch einen volleren Klang.

Die folgende Kapodaster-Tabelle zeigt, welche Akkorde erklingen, wenn der Kapodaster auf einen bestimmten Bund gesetzt wird.

ohne Kapo	A	A#Bb	B	C	C#Db	D	D#Eb	E	F	F#Gb	G	G#Ab
Kapo 1. Bund	A#Bb	B	C	C#Db	D	D#Eb	E	F	F#Gb	G	G#Ab	A
Kapo 2. Bund	B	C	C#Db	D	D#Eb	E	F	F#Gb	G	G#Ab	A	A#Bb
Kapo 3. Bund	C	C#Db	D	D#Eb	E	F	F#Gb	G	G#Ab	A	A#Bb	B
Kapo 4. Bund	C#Db	D	D#Eb	E	F	F#Gb	G	G#Ab	A	A#Bb	B	C
Kapo 5. Bund	D	D#Eb	E	F	F#Gb	G	G#Ab	A	A#Bb	B	C	C#Db
Kapo 6. Bund	D#Eb	E	F	F#Gb	G	G#Ab	A	A#Bb	B	C	C#Db	D
Kapo 7. Bund	E	F	F#Gb	G	G#Ab	A	A#Bb	B	C	C#Db	D	D#Eb

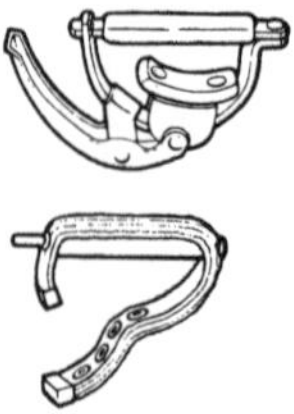

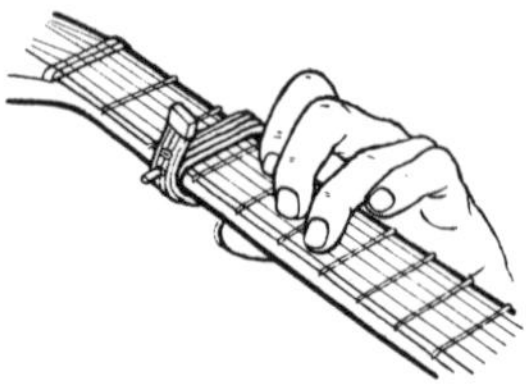

Zum Vermeiden schwieriger Akkord-Griffe

Das Lied *»Wildwood Flower«* enthält einen Akkord, bei dem der Zeigefinger mehrere Saiten gleichzeitig greifen muß. Diese Spielweise – sie wird als *Quergriff oder Barrégriff* bezeichnet – ist nicht ganz einfach.

Mit Hilfe des Kapodasters kann man den schwierigen Barrégriff vermeiden. Man setzt beispielsweise den Kapodaster in den fünften Bund und spielt den F-Dur-Akkord mit dem C-Dur-Griff, für die Akkorde C-Dur und G-Dur nimmt man die Griffe G-Dur und D-Dur. Wir haben diese Griffe jeweils in Klammern notiert.

Wildwood Flower

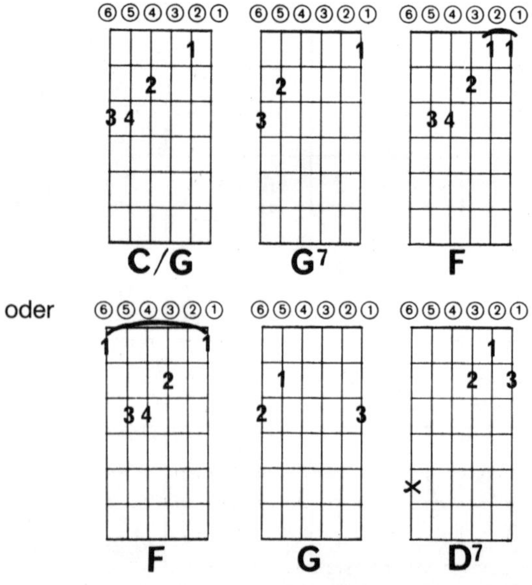

1. I will twine and will mingle my waving black hair,
   With the roses so red and the lily so fair.
   The myrtle so green of an emerald hue,
   The pale amanita and its lip so blue.

2. I will dance, I will sing and my life shall be gay,
   I will banish this weeping, drive troubles away.
   I will live yet to see him regret this dark hour
   When he won and neglected this frail wildwood flower.

3. Oh, he taught me to love him, he promised to love,
   And to cherish me always all others above.
   I woke from my dream and my idol was clay,
   All my passion for loving had vanished away.

Barré-Akkorde

Bei *Barré-Akkorden* ersetzt der Zeigefinger den Sattel. Mit dem Zeigefinger wird – genau wie mit einem Kapodaster – das Griffbrett verkürzt. Der Vorteil gegenüber einem Kapodaster liegt in der leichten und schnellen Verschiebbarkeit des Griffes.
Generell kann man jeden Grundgriff zu einem Barrégriff umfunktionieren. Welche Akkorde sich ergeben, das hängt vom verwendeten Grundgriff ab. Welche Akkorde beim bundweisen Verschieben entstehen, zeigen die folgenden Beispiele.

E-Gruppe

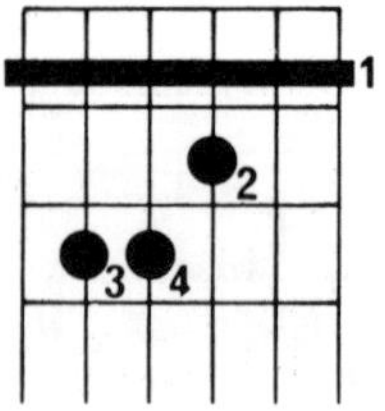

Bund	Akkord
I.	F
II.	F# (G♭)
III.	G
IV.	A♭ (G#)
V.	A
VI.	B♭ (A#)
VII.	B
VIII.	C
IX.	D♭ (C#)

Em-Gruppe

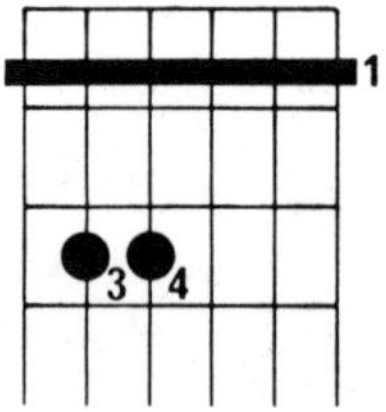

Bund	Akkord
I.	Fm
II.	F#m (G♭m)
III.	Gm
IV.	A♭m (G#m)
V.	Am
VI.	B♭m (A#m)
VII.	Bm
VIII.	Cm
IX.	C#m (D♭m)

A-Gruppe

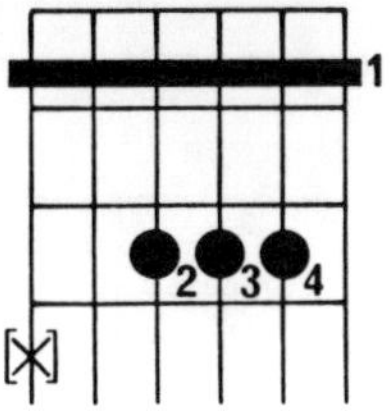

Bund	Akkord
I.	B♭ (A#)
II.	B
III.	C
IV.	D♭ (C#)
V.	D
VI.	E♭ (D#)
VII.	E
VIII.	F
IX.	F#(G♭)

Am-Gruppe

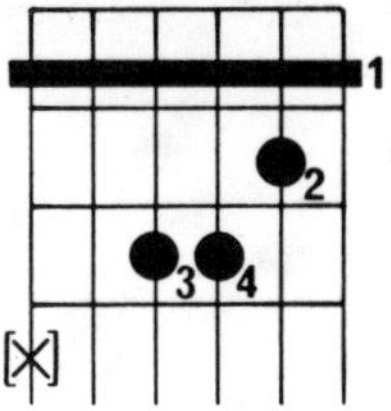

Bund	Akkord
I.	B♭m (A#m)
II.	Bm
III.	Cm
IV.	C#m (D♭m)
V.	Dm
VI.	E♭m (D#m)
VII.	Em
VIII.	Fm
IX.	F#m (G♭m)

C-Gruppe

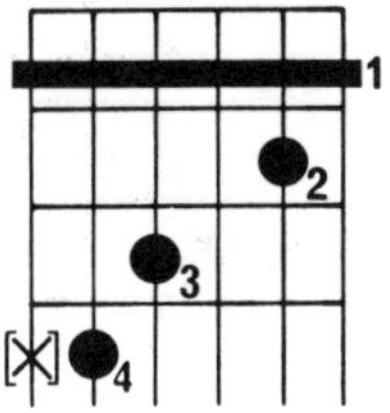

Bund	Akkord
I.	D♭ (C#)
II.	D
III.	E♭ (D#)
IV.	E
V.	F
VI.	F#(G♭)
VII.	G
VIII.	A♭ (G#)
IX.	A

Dm-Gruppe

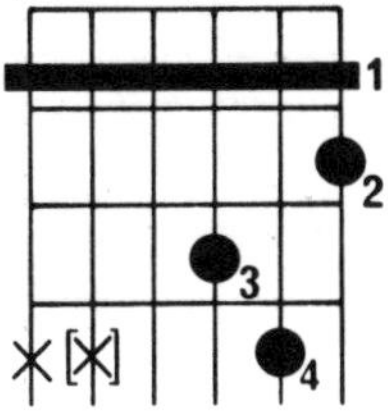

Bund	Akkord
I.	E♭m (D#m)
II.	Em
III.	Fm
IV.	F#m (G♭m)
V.	Gm
VI.	A♭m (G#m)
VII.	Am
VIII.	B♭m (A#m)
IX.	Bm

E^7-Gruppe

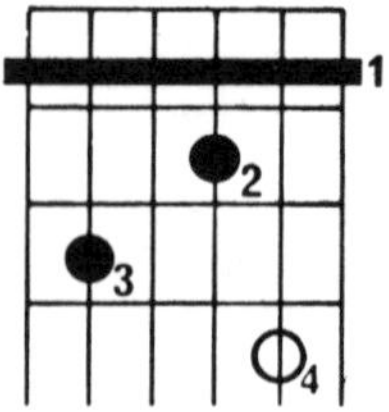

Bund	Akkord
I.	F
II.	F# (G♭)
III.	G
IV.	A# (G♭)
V.	A
VI.	B♭ (A#)
VII.	B
VIII.	C
IX.	D♭ (C#)

Em^7-Gruppe

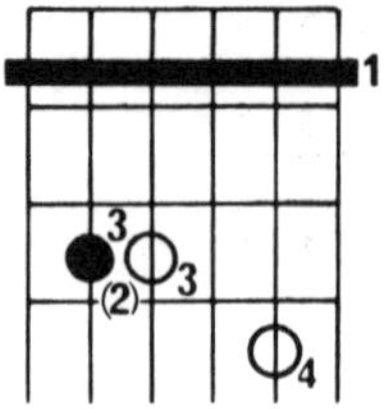

Bund	Akkord
I.	Fm
II.	F#m (G♭m)
III.	Gm
IV.	A♭m (G#m)
V.	Am
VI.	B♭m (A#m)
VII.	Bm
VIII.	Cm
IX.	C#m (D♭m)

A^7-Gruppe

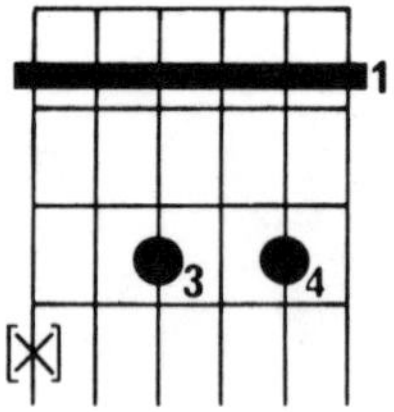

Bund	Akkord
I.	B♭ (A#)
II.	B
III.	C
IV.	D♭ (C#)
V.	D
VI.	E♭ (D#)
VII.	E
VIII.	F
IX.	F# (G♭)

Am^7-Gruppe

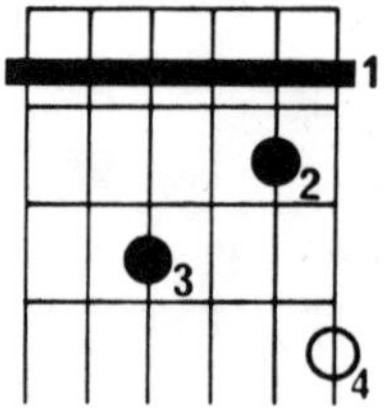

Bund	Akkord
I.	B♭m (A#m)
II.	Bm
III.	Cm
IV.	C#m (D♭m)
V.	Dm
VI.	E♭m (D#m)
VII.	Em
VIII.	Fm
IX.	F#m (G♭m)

Synkopierte Schlagrhythmen und Picking-Zupfmuster

Als *Synkope* bezeichnet man die Betonung eines normalerweise unbetonten Taktteils, beispielsweise das Hervorheben von Tönen, die zwischen den Hauptzählzeiten gespielt werden. Das kann schon dadurch geschehen, daß ein Ton, der zwischen zwei Hauptzählzeiten liegt, zur folgenden Hauptzählzeit hinübergebunden wird. Synkopen erkennt man meist an punktierten Noten oder Haltebögen.

Synkopierte Schlagrhythmen

Calypso

Beim Calypso-Rhythmus liegen die Betonungen auf der ersten und zwischen der zweiten und dritten Zählzeit. Der Abschlag auf »3« entfällt, was mit einem Haltebogen notiert wird.

Grundform

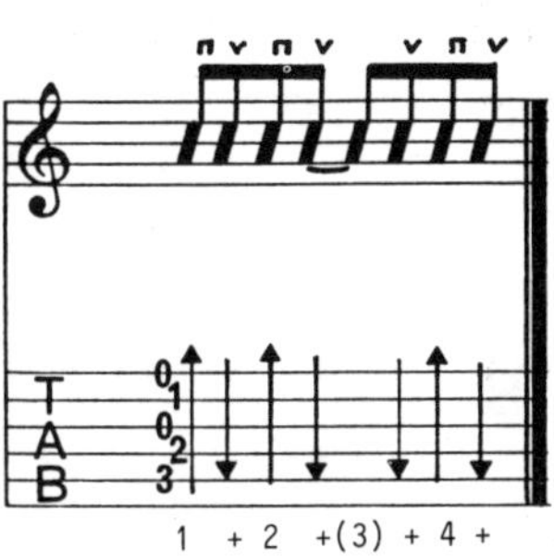

Varianten

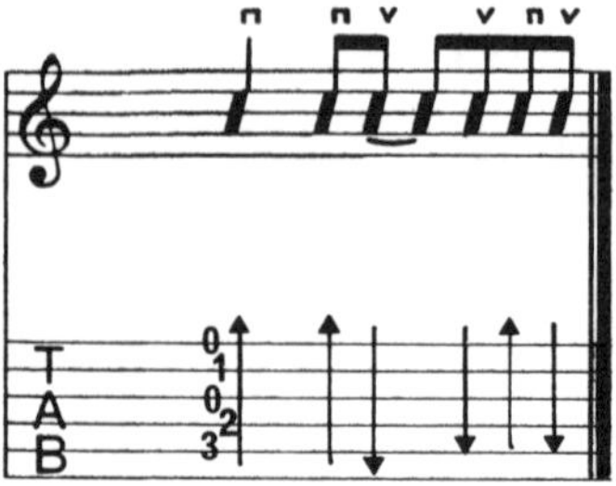

1(+) 2 +(3) + 4 +

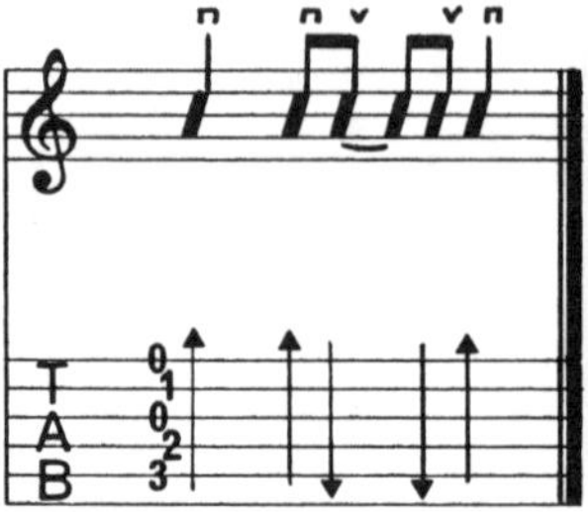

1(+) 2 +(3) + 4(+)

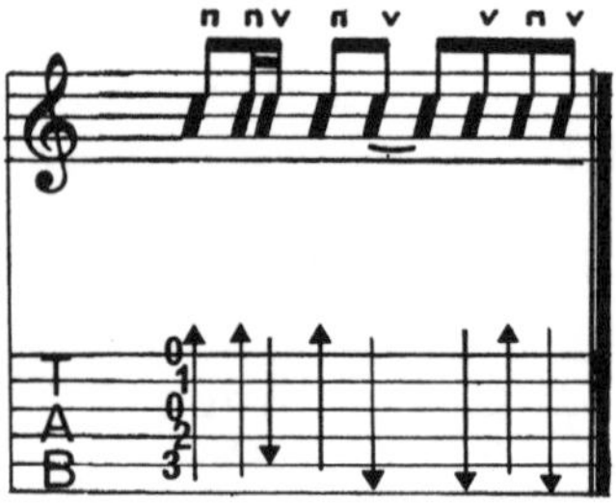

1(a)+a 2 +(3) + 4 +

Vorgezogener Akkordwechsel

Muß innerhalb eines Taktes der Akkord gewechselt werden, dann erfolgt das auf dem »+« der zweiten Zählzeit.

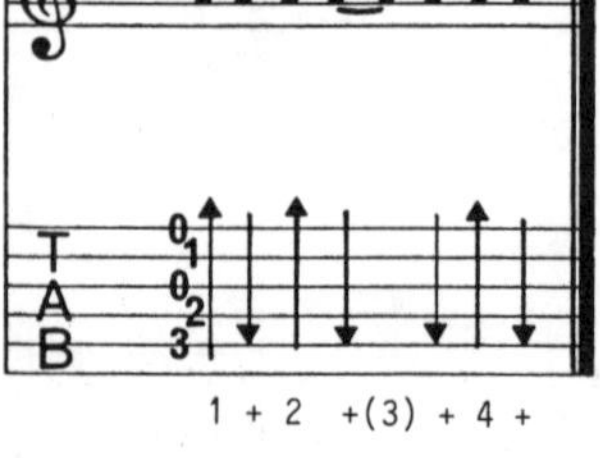

1 + 2 +(3) + 4 +

Joshua Fit the Battle of Jericho

Joshua fit the battle of Jericho, Jericho, Jericho,
Joshua fit the battle of Jericho
And the walls came tumb'lin down.
You may talk about the kings of Gideon,
You may talk about the man of Saul,
There's none like good old Joshua
In the battle of Jericho.

Beguine

Hier fällt der Abschlag auf der zweiten Zählzeit weg.

Grundform

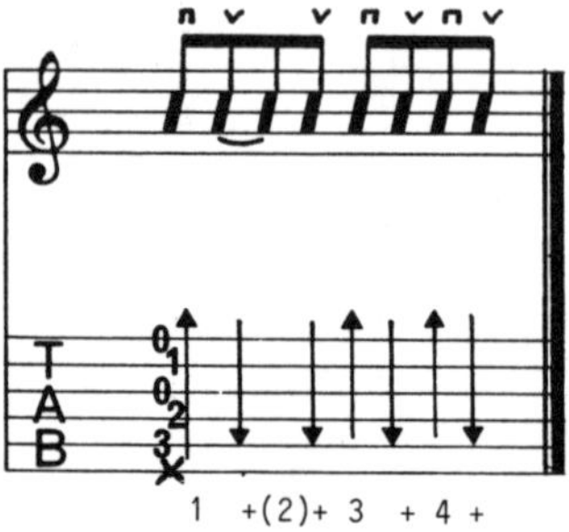

Variante

Zwei-Takt-Phrase

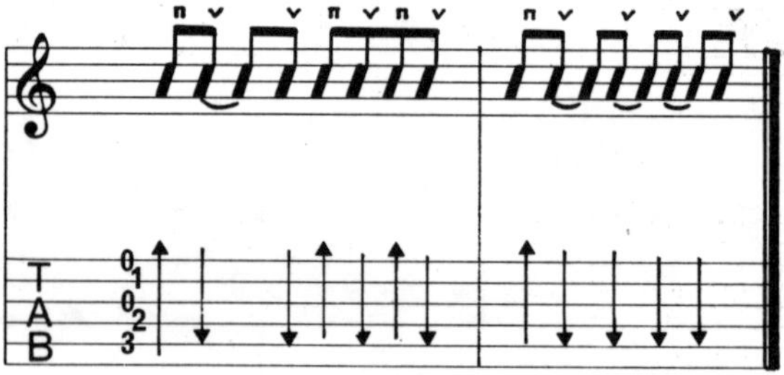

Akkordwechsel können vorgezogen werden.

Slow ballad

Hier ist es wichtig, die 1/16-Schläge richtig auszuzählen. Akkordwechsel innerhalb des Taktes können vorgezogen werden.

Grundform

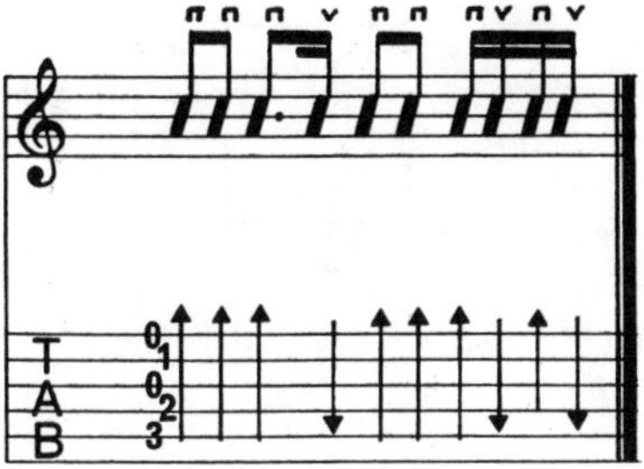

1 + 2(a+)a 3 + 4 a + a

Varianten

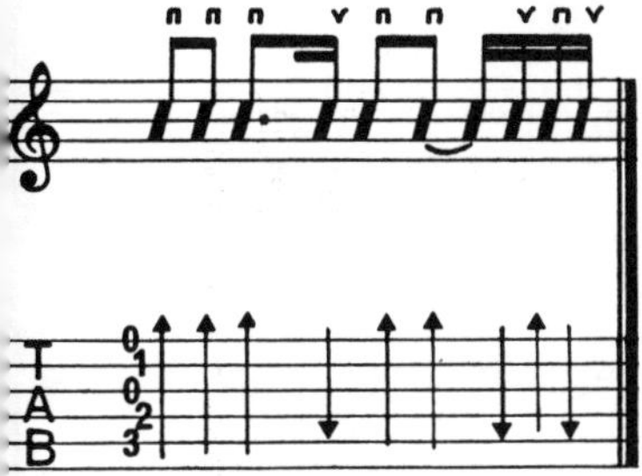

1 + 2(a+)a 3 +(4)a + a

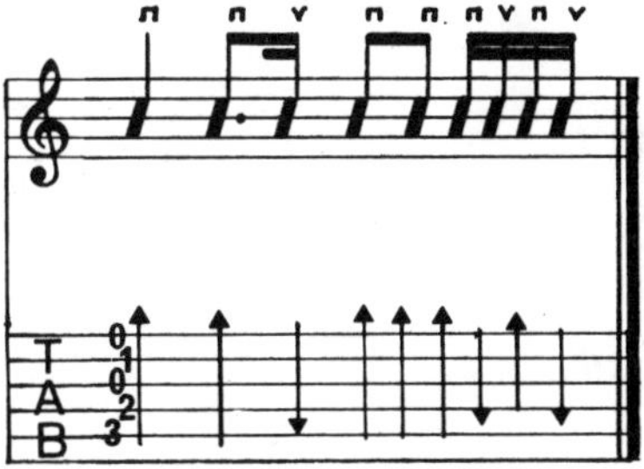

1(+) 2(a+)a 3 + 4 a + a

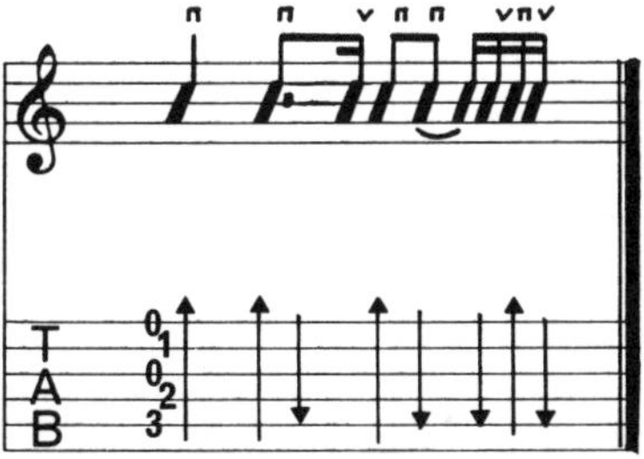

1(+)2(a+)a 3 +(4)a + a

Guantanamera

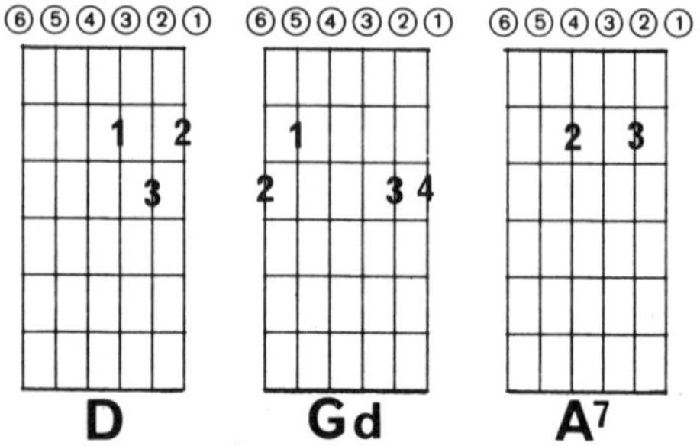

Beim Wechsel von D nach G^d bleibt der Ringfinger liegen; beim Wechsel von G^d nach A^7 wird er verschoben.

1. Yo soy un hombre sincero.
De donde crece la palma,
Yo soy un hombre sincero
De donde crece la palma.
Y‿antes de morir me quiero,
Echar mis versos del alma.

Refrain:
Guantanamera guajira Guantanamera
Guantanamera guajira Guantanamera.

2. Mi verso es de un verde claro
Y de un carmin encendido
Mi verso es un cierro herido
Que busca en el monte amparo

3. Con los pobres de la tierra
Quiero yo mi suerte‿echar
El arroyo de la sierra
Me complace más que‿el‿mar.

Aussprachehilfe:

guajira	*gwachira*	quiero	*kiero*	cierro	*ßierro*
sincero	*ßinßero*	echar	*etschar*	complace	*komplaße*
crece	*kreße*	encendido	*enßendido*		

In englischer Übersetzung:

4. A truthful man, that's me;
   From where the palm trees grow,
   Before dying, I should like to pour forth
   The verses of my soul.

5. My verse is of bright green,
   But also a flowing carmine
   My verse is a wounded fawn
   Seeking refuge in the woods.

6. With the poor of the earth,
   I want to share my fate.
   The mountain brook
   Pleases me more than the sea.

Picking-Zupfmuster

Eine auch in Europa immer beliebtere Art der Liedbegleitung ist das »Fingerpicking«. Das Grundprinzip besteht in einem gleichmäßigen Wechselbaß auf den Hauptzählzeiten und einer Zerlegung des gegriffenen Akkordes mit einem Drei-Finger-Zupfsystem.

Man unterscheidet beim Fingerpicking

äußere Zerlegung

Hier werden dem Zeige- und Mittelfinger der rechten Hand die Saiten 2 und 1 zugeordnet. Der Daumen schlägt abwechselnd den Akkordgrundton und auf der dritten Saite die Wechselbaßnote an;

innere Zerlegung

Hier werden Zeige- und Mittelfinger den Saiten 3 und 2 zugeordnet, der Daumen schlägt abwechselnd den Akkordgrundton und auf der vierten Saite die Wechselbaßnote an. Die innere Zerlegung verlangt für einige Akkorde eine besondere Griffweise.

Das Western-Picking

Grundform

Äußere Zerlegung

Innere Zerlegung

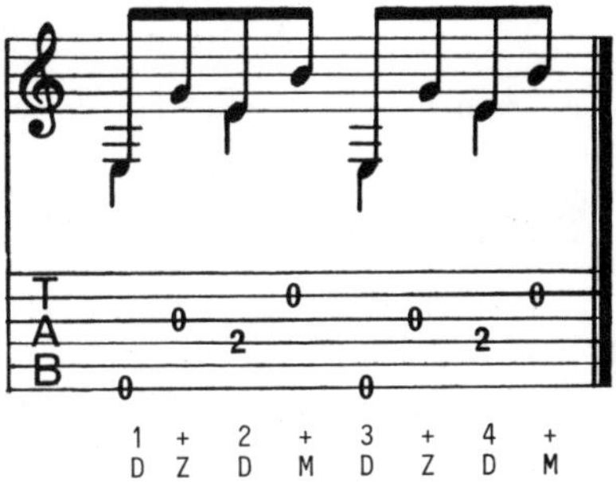

Die Umkehrung

Äußere Zerlegung

Innere Zerlegung

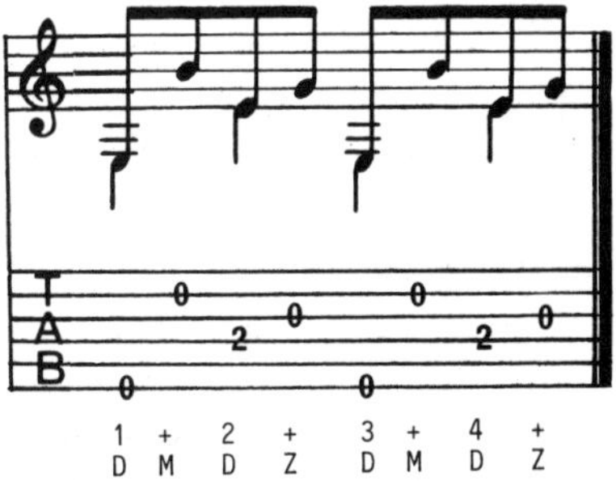

Kalinka

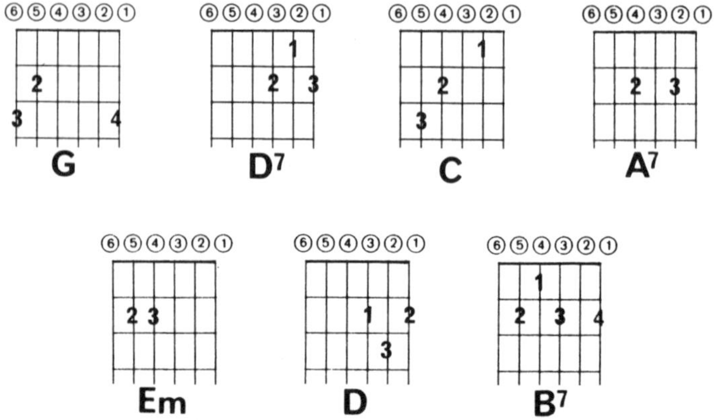

Strophe:

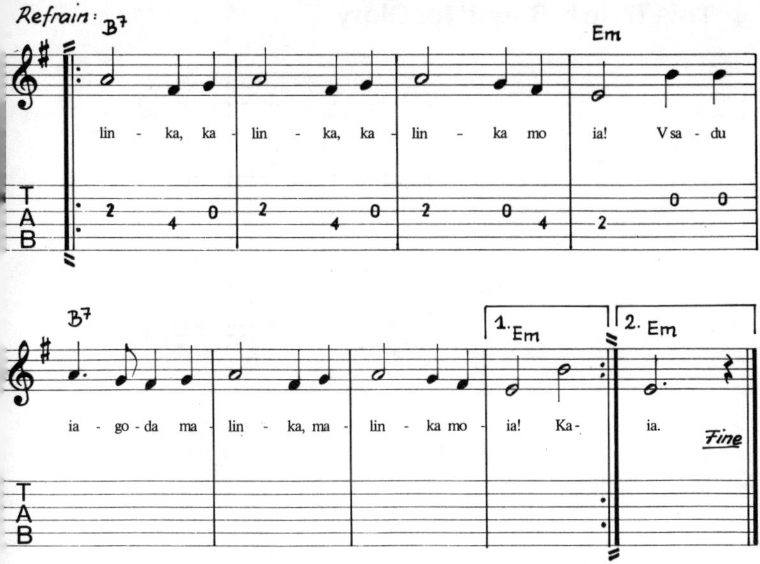

1. Pod‿sosnoiu, pod‿zelenoiu,
   Spat' polozhite vy menia.
   Aai--liuli, liuli, ai--liuli,
   Spat' polozhite vy menia!

   Refrain:
   Kalinka, kalinka, kalinka moia!
   Vsadu iagoda‿malinka, malinka moia!

2. Akh! Sosënushka, ty zelënaia,
   Ne shumi zhe nado mnoi!
   Ai--liuli, liuli, ai--liuli,
   Ne shumi zhe nado mnoi!

3. Akh! Krasavitsa, dusha-devitsa,
   Poliubi zhe ty menia!
   Ai--liuli, liuli, ai--liuli,
   Poliubi zhe ty menia!

This Train is Bound for Glory

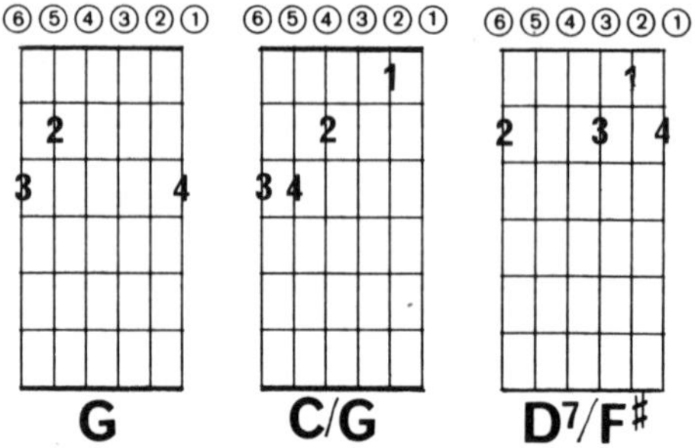

Beim Wechsel von G nach C/G bleibt der Ringfinger liegen, beim Wechsel von G nach D^7/Fis wird der kleine Finger auf der ersten Saite verschoben.

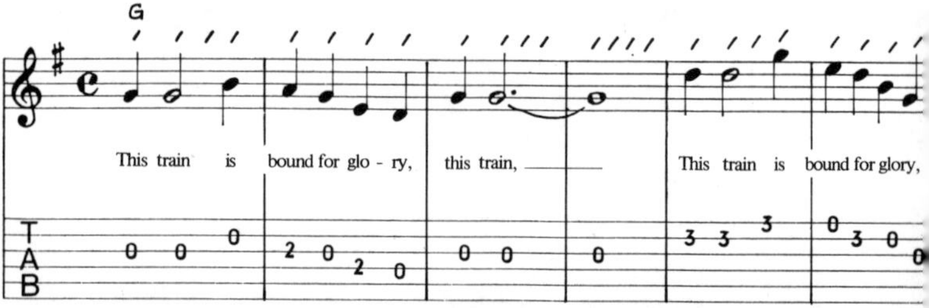

1. This train is bound for glory, this train,
This train is bound for glory, this train,
This train is bound for glory,
Don't ride nothin' but the ririghteous and the holy.
This train is bound for glory, this train.

2. This train don't carry no gamblers, this train,
This train don't carry no gamblers, this train,
This train don't carry no gamblers, no hypocrites,
no midnight ramblers,
This train is bound for glory, this train.

3. This train don't carry no liars, this train,
This train don't carry no liars, this train,
This train don't carry no liars, the truth is what the Lord desires,
This train is bound for glory, this train.

Die Technik des Finger-Picking

Daumen schlägt Baßsaite an

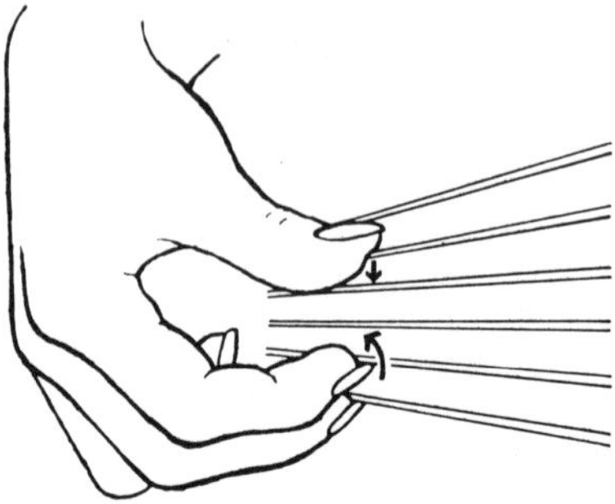

Zeigefinger 2. Saite

Mittelfinger 1. Saite

Daumen schlägt Baßsaite an

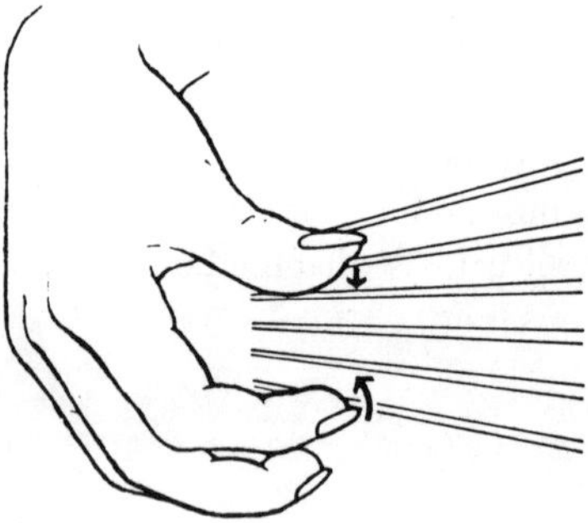

Zeigefinger 1. Saite

Das Folk-Picking

Der Unterschied zwischen dem Western-Picking und dem Folk-Picking liegt in der Betonung. Beim Folk-Picking betont man auf »1« sowie zwischen der zweiten und dritten Zählzeit.

Grundform

Varianten

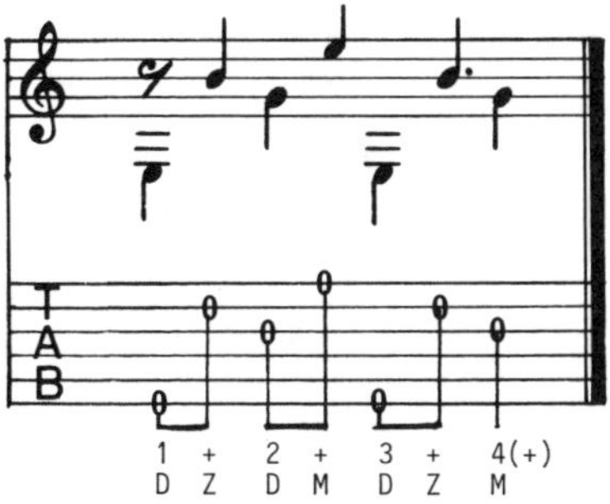

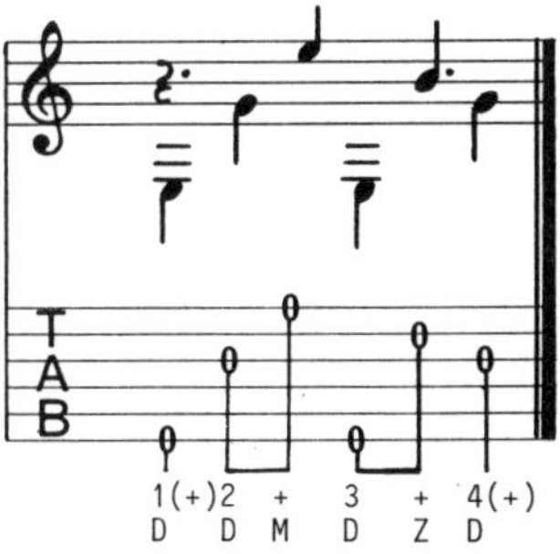

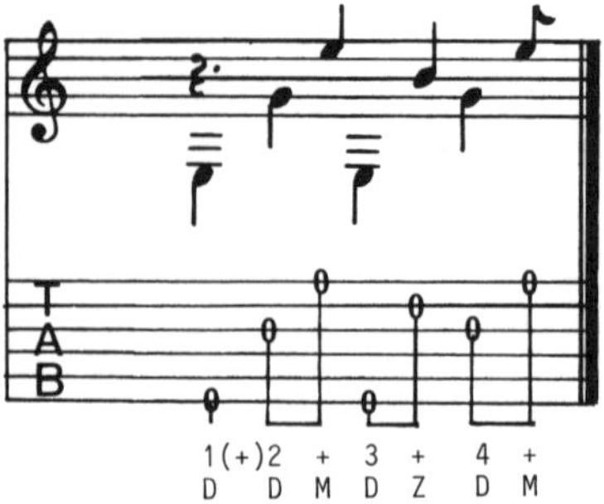

Umkehrungen

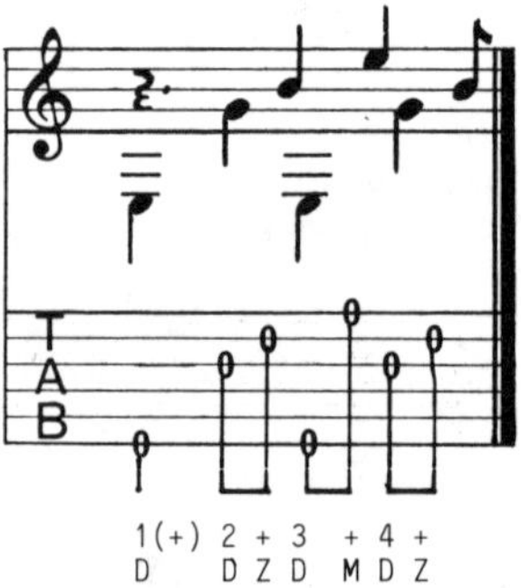

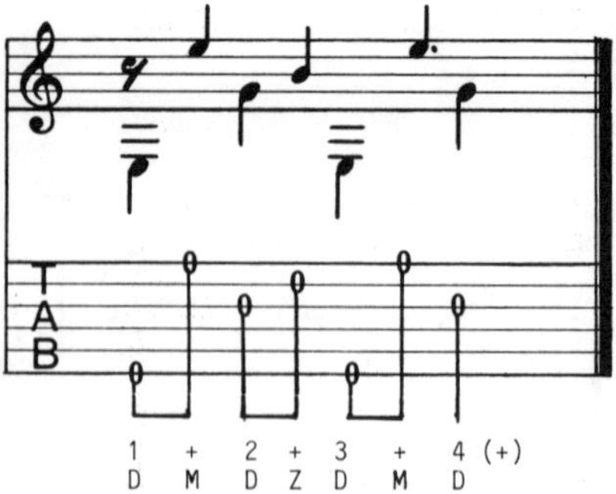

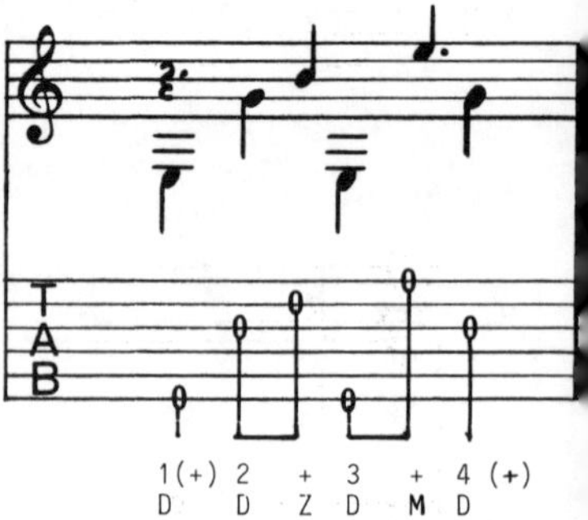

Vorgezogene Akkordwechsel

Beim Spielen mit vorgezogenen Akkordwechseln wird zunächst nur die erste Melodienote des folgenden Akkords vorgezogen, erst danach wird richtig umgegriffen.

1 + 2 + 3 + 4 +
D Z D M D Z D M

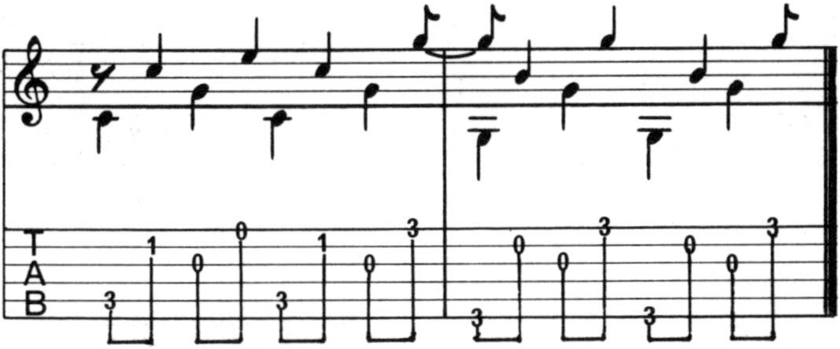

1 + 2 + 3 + 4 + 1 + 2 + 3 + 4 +
D Z D M D Z D M D Z D M D Z D M

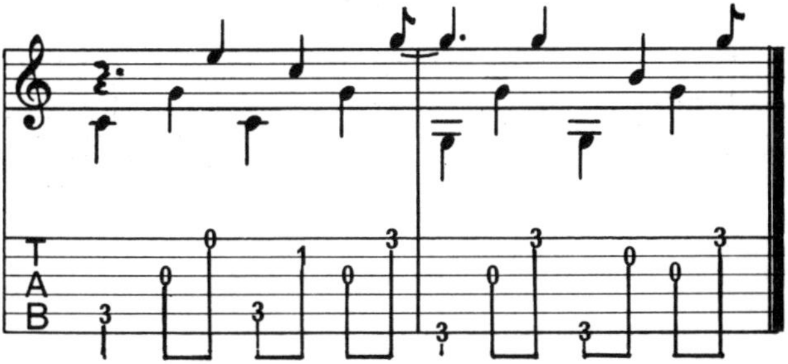

1(+) 2 + 3 + 4 + 1(+) 2 + 3 + 4 +
D D M D Z D M D D M D Z D M

Down by the Riverside

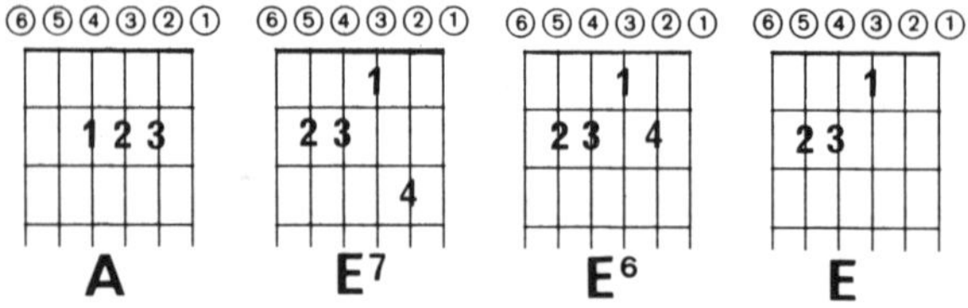

1. I'm gonna lay down my sword and shield
Down by the riverside, down by the riverside,
Down by the riverside.
Gonna lay down my sword and shield,
Down by the riverside,
And study war no more.
I ain't gonna study war no more,
I ain't gonna study war no more,
Ain't gonna study war no more.
I ain't gonna study war no more,
I ain't gonna study war no more,
I ain't gonna study war no more.

2. I'm gonna lay down my heavy load...

3. I'm gonna put on my travelin' shoes...

4. I'm gonna put on my long white robe...

5. I'm gonna put on my starry crown...

6. I'm gonna join hands with everyone...

Banks of Sacramento

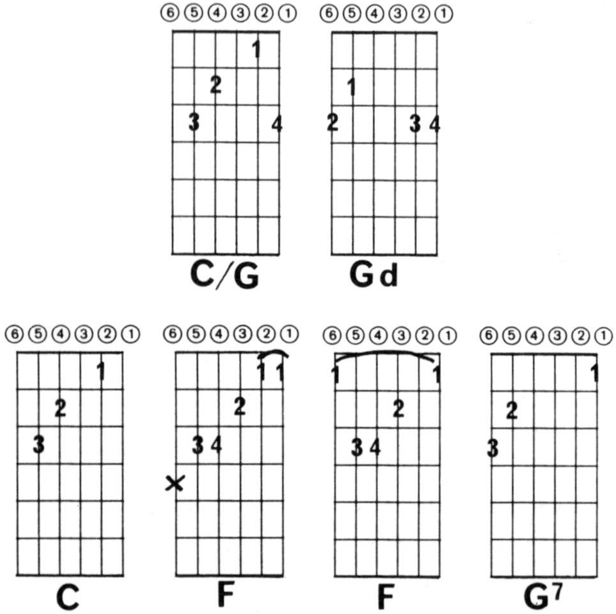

Beim Wechsel von C^g nach G^d bleibt der kleine Finger liegen.

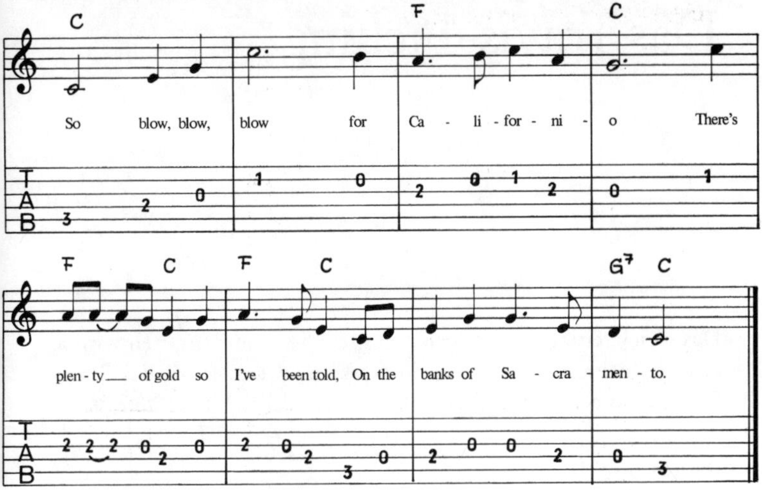

1. In the Black Ball Line I served my time,
With a hoodah, With a hoodah;
In a full-rigged ship and in her prime,
With a hoodah, hoodah, day.

Refrain:
So blow, blow, blow for Californio
There's plenty of gold so I've been told,
On the banks of the Sacramento.

2. O we were the boys to make her go...
Around Cape Horn in the frost and snow...

3. Around Cape Stiff in seventy days...
Around Cape Stiff is a mighty long ways...

4. When we was tacking 'round Cape Horn...
I often wished I'd a never been born...

5. O the mate he whacked me around and around...
And I wished I was home all safe and sound...

6. O when we got to the Frisco docks...
The girls all were in their Sunday frocks...

Das Travis-Picking

Das gleichzeitige Anschlagen von Melodie- und Baßnoten wird als *»Pinch«* bezeichnet und ist ein typisches Stilmerkmal des Travis-Picking, so genannt nach dem Countrymusiker MERLE TRAVIS.

Grundform

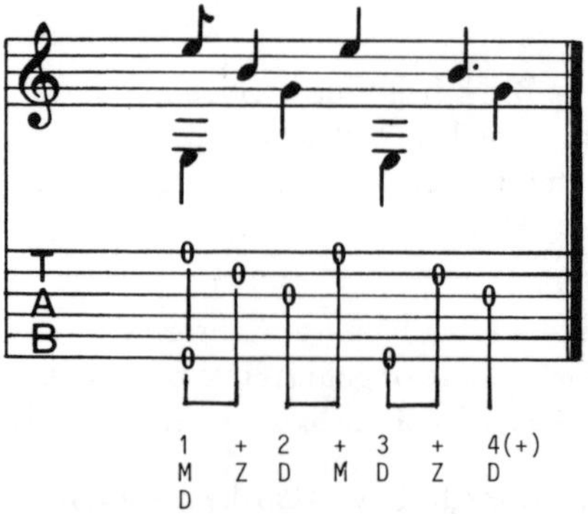

Variante

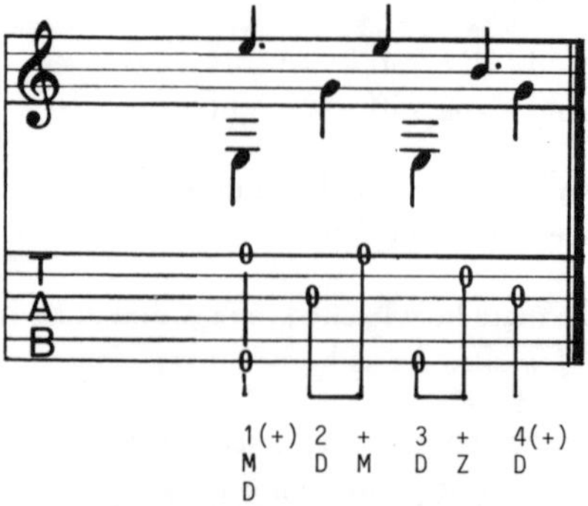

Umkehrungen

1 + 2 + 3 + 4 (+)
Z M D Z D M D
D

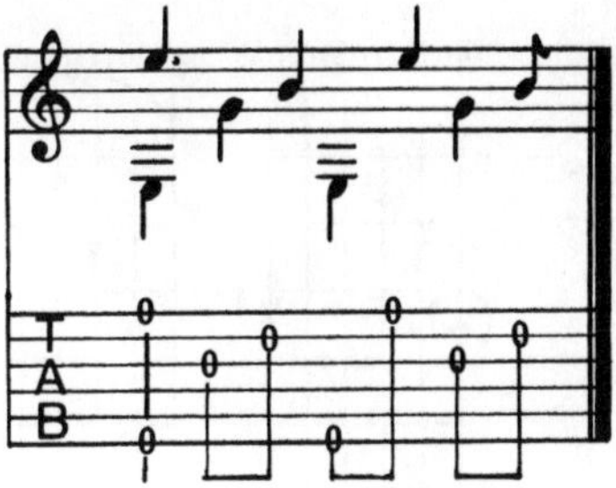

1(+)2 + 3 + 4 +
M D Z D M D Z
D

1 (+) 2 + 3 + 4(+)
M D Z D M D
D

Vorgezogene Akkordwechsel

Sie werden wie beim Folk-Picking ausgeführt.

The Foggy, Foggy Dew

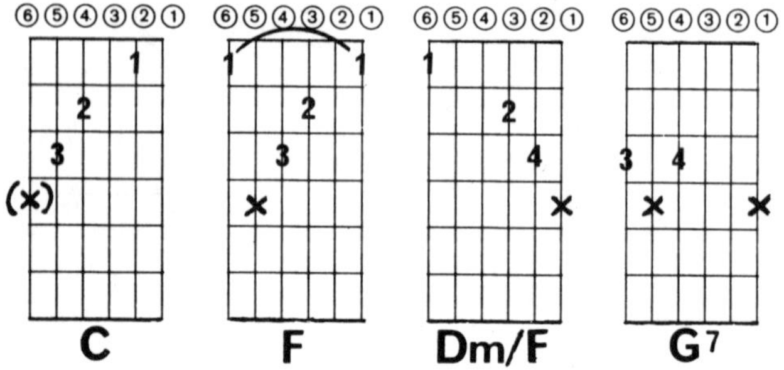

1. When I was a bach'lor, I lived by myself,
   I worked at the weaver's trade,
   And the only only thing I did that was wrong
   Was to woo a fair young maid.
   I wooed her in the wintertime,
   And in the summer too,
   And the only only thing I did that was wrong
   Was to keep her from the foggy foggy dew.

2. One night she knelt close by my side
   As I lay fast asleep.
   She threw her arms around my neck,
   And then began to weep.
   She wept, she cried, she tore her hair,
   Ah me, what could I do?
   So all night long I held her in my arms
   Just to keep her from the foggy, foggy dew.

3. Oh, I am a bachelor, I live with my son,
   We work at the weaver's trade.
   And every single time I look into his eyes
   He reminds me of the fair young maid.
   He reminds me of the winter time,
   And of the summer too.
   And the many, many times I held her in my arms
   Just to keep her from the foggy, foggy dew.

Wade in the Water

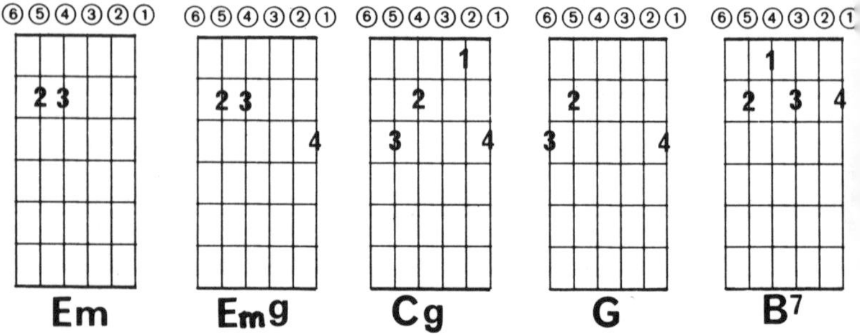

Refrain:

1. Jordan's water is chilly and cold,
   God's a-gonna trouble the water.
   It chills the body, but lifts up the soul,
   God's a-gonna trouble the water.

   Refrain:
   Wade in the water,
   Wade in the water, children,
   Wade in the water,
   God's a-gonna trouble the water.

2. Wade in the water…
   Jordan's water is deep and wide,
   God's a-gonna trouble the water.
   Meet my mother on the other side,
   God's a-gonna trouble the water.

3. Wade in the water…
   If you get there before I do,
   God's a-gonna trouble the water.
   Tell all of my friends I'm coming too,
   God's a-gonna trouble the water.

Abwandlungen

Zusätzlicher Wechselbaß

Genau wie beim Baß-Akkord-Anschlag und bei den klassischen Zupfmustern kann auch beim Western- oder Folk-Picking auf der dritten Zählzeit statt des Grundtons ein anderer Akkordton als Baßnote gespielt werden (siehe »*Cripple Creek*«, Seite 80).

Akkordveränderungen im Takt

Zwischen den Folk- und Travis-Picking-Varianten sollte man schnell und mühelos wechseln können. Damit kann beispielsweise die Melodie unterstützt werden.
Dazu kann man auch Akkordveränderungen innerhalb eines Taktes wirkungsvoll einsetzen, wie das Beispiel »*Wade in the Water*« zeigt (siehe Seite 128).

Die Töne auf dem Griffbrett

G G#Ab A A#Bb B C C#Db D D#Eb E F F#Gb G G#Ab A A#Bb
D D#Eb E F F#Gb G G#Ab A A#Bb B C C#Db D D#Eb E F
A A#Bb B C C#Db D D#Eb E F F#Gb G G#Ab A A#Bb B C
E F F#Gb G G#Ab A A#Bb B C C#Db D D#Eb E F F#Gb G

Saitenwechsel – und wie man neue Saiten aufzieht

Von den richtigen Saiten hängt ganz wesentlich der Klang der Gitarre ab. Es gibt eine große Auswahl, bei Saiten für die klassische Gitarre in drei Härtestufen, bei Stahlsaiten die Gruppen

Schwer – Heavy Gauge
Mittelschwer – Medium Gauge
Leicht – Light Gauge
Extraleicht – Extra Light Gauge.

Je dicker die Saiten, desto lauter klingt das Instrument, doch um so schwerer läßt es sich auch spielen. Für uns gut geeignet sind Saiten leicht bis mittelschwer.

Ewig sollte man die Saiten nicht auf der Gitarre lassen. Nach einigen Monaten verlieren sie, auch wenn nicht gespielt wurde, an Klang, werden dumpfer, stumpfer.
Mit dem Aufziehen der Saiten beginnen wir am Steg. Wenn wir alle Saiten auswechseln, dann bleibt der Sound gleichmäßig. Eine einzelne neue Saite tanzt klanglich aus der Reihe. *Äußerst wichtig* für die Gitarre ist es, daß *niemals* auf eine für Nylonsaiten bestimmte Gitarre Stahlsaiten aufgezogen werden. Der Saitenzug ist so stark, daß Beschädigungen der Gitarre zu befürchten sind. Umgekehrt sollte man auch keine Nylonsaiten auf eine Stahlsaitengitarre ziehen. Es ist zwar weniger riskant, doch ein befriedigender Ton ist auf keinen Fall zu erzielen.
Beim Wechsel der Saiten reinigen wir natürlich auch gleich das Griffbrett mit einem weichen Tuch.

Wie die Saiten aufgezogen werden, zeigen am besten die Zeichnungen (siehe Seite 136). Bei *Nylonsaiten* schiebt man das Ende der Saite etwa 6 Zentimeter durch das Loch im Steg, umschlingt die Saite wie gezeigt und zieht fest. *Stahlseiten* haben an ihrem Ende einen kleinen Metallring. Man steckt ihn jeweils in das entsprechende Loch und verriegelt es mit einem Kunststoffpropfen, dem *Pin*. Am Kopf werden die Saiten ebenfalls gemäß Zeichnung befestigt. Man zieht die Saite durch das Loch der Mechanik und dreht die Stimmwirbel, bis sich die Saite spannt. Damit die Saite nicht wieder wegrutscht, schlingt man das Saitenende um sich selbst.

Beim *Stimmen der Saite* lassen wir uns Zeit. Wir stimmen zuerst einmal grob und später fein. Man sollte auch nicht Saite für Saite gleich zum richtigen Ton bringen, sondern von außen nach innen die Saiten dem Ziel immer näher stimmen. Am besten ist es, zunächst die Gitarre zu stimmen, über Nacht stehen zu lassen und am nächsten Tag nachzustimmen. Will man sofort mit den neuen Saiten spielen, dann kann man sich helfen, indem man die neu aufgezogene Saite mit Daumen und Zeigefinger ergreift und mehrmals kräftig zieht. Die Saite verliert dann etwas von ihrem Dehnungspotential und hält besser den Ton.

Und hier noch die Frequenzen der Gitarrentöne für Leute, die mit Elektronikunterstützung perfekt stimmen wollen:

E-Saite (6. Saite) 82.41 Hertz
A-Saite (5. Saite) 110 Hertz
D-Saite (4. Saite) 146.82 Hertz
G-Saite (3. Saite) 196 Hertz
B-Saite (2. Saite) 246.94 Hertz
E-Saite (1. Saite) 329.63 Hertz.

Klassische Gitarre Steg

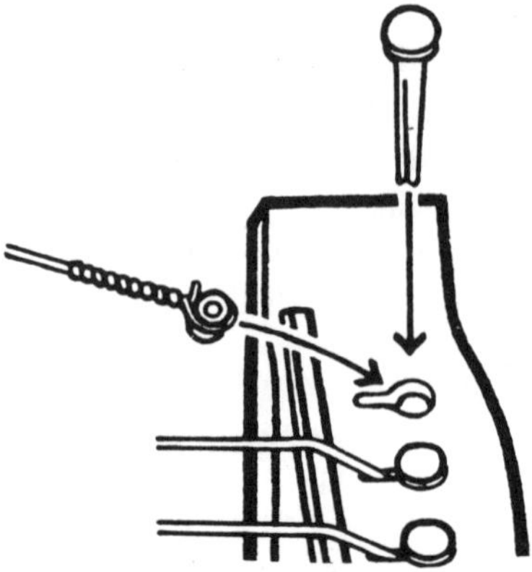

Folkgitarre Steg

Klassische Gitarre Kopf

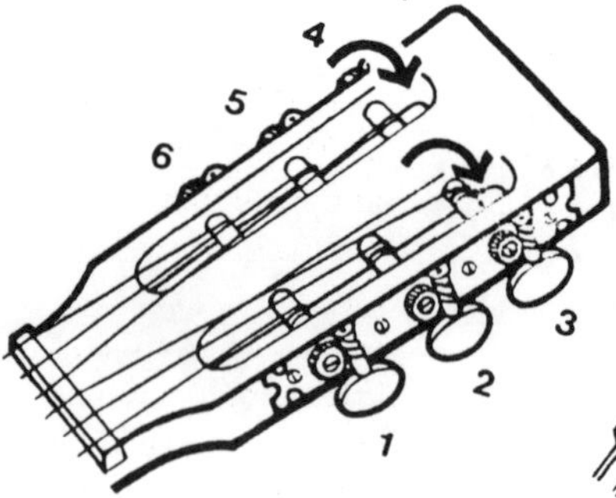

Folkgitarre Kopf

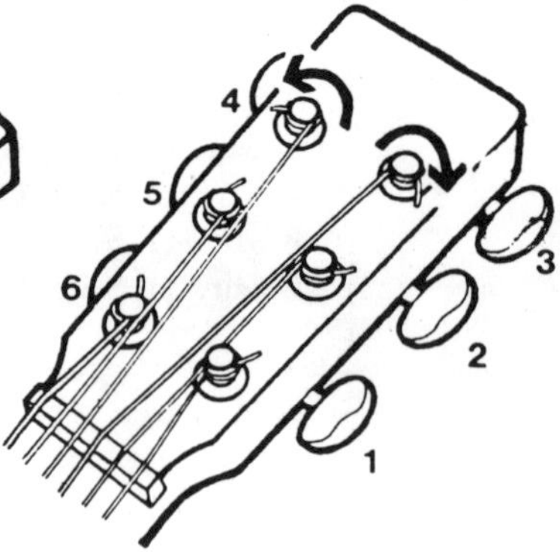

Kleine Geschichte des Folksongs

Folksong heißt wörtlich übersetzt einfach Volkslied. Lange Zeit verstand man unter *Folksong* nur das traditionelle Lied, das meist mündlich weitergegeben wurde.
Als die ersten transportablen Tonaufzeichnungsgeräte Ende der 20 Jahre den Folklore-Forschern ermöglichten, authentische Tonaufnahmen machen zu können, kam eine Fülle interessanten Materials ans Tageslicht. Bis dahin hatten nämlich lediglich gewisse Einwanderergruppen die Lieder ihrer Heimat bewahrt. Man sang irische oder schottische Volkslieder. Die Schwarzen sangen ihre *Blues,* in den Kneipen der Weißen blühte *Ragtime. Countrymusik* und *Bluegrass* entwickelten sich. Es entstanden neue Instrumente wie der *Dulcimer,* ein der Zither verwandtes, einfach zu spielendes Instrument, die Folkgitarre und das Banjo.
Hatte man bisher die Lieder vom Vater gelernt und seinen Kindern weitervererbt, so konnte man jetzt die Texte und Melodien festhalten und archivieren. Mit ungeheuerem Fleiß sammelten und archivierten Leute wie JOHN A. UND ALAN LOMAX oder CARLES UND RUTH SEEGER, CARL SANDBURG das reiche Material.
1928 wurde das Archive of Folk Song der Library of Congress gegründet. Hier sind inzwischen über 26000 Tonaufnahmen auf Walzen, Schallplatten und Tonbändern archiviert. Allein über 2000 einschlägige Bücher stehen jedem Interessenten im Lesesaal zur Verfügung. Auf über 60 Langspielplatten wurden die ethnomusikalisch wichtigsten Dokumente veröffentlicht. Man kann sich außerdem von bestimmten Dokumenten Fotokopien oder Tonbandkopien bestellen.
Was für die klassische Musik durch Noten fast selbstverständlich ist, nämlich ihr Bestand über Jahrhunderte, das ermöglichte die elektromagnetische Tonaufzeichnung für die traditionelle Volkskultur. Sofort gab es natürlich auch Puristen, die den Folksong von kom-

merziellen Bearbeitungen fernhalten wollten. Sie konnten allerdings nicht verhindern, daß populäre Sänger sich ein Programm aus Folklore und schlagerhaften Liedern zusammenstellten oder erfolgreiche Folkmelodien zu Schlagern machten. Das bekannte Lied »Tom Dooley« ist ein Beispiel dafür. BOB DYLAN hatte sich zunächst ein Repertoire aus Folkloretiteln erarbeitet und seine intensive Beschäftigung mit den traditionellen Folksongs ist in seinem inzwischen selbst zu einem Folksong gewordenen *»Blowin' in the Wind«* deutlich zu spüren.

Am stärksten beeinflußt wurde BOB DYLAN von WOODY GUTHRIE, der zwischen 1932 und 1952 über tausend Songs geschrieben hatte, viele auf bekannte Melodien oder zumindest stark an sie angelehnt. Heute sind viele seiner Folksongs zu echten Volksliedern geworden, und nur wenige Amerikaner wissen, wer der Autor ist, wenn sie sein *»This Land is your Land«* singen. GUTHRIE schrieb seine Verse nicht über den Trennungsschmerz wie in vergangenen Tagen, er schwelgte nicht im Unverbindlich-Allgemeinen. Er bezog Stellung, schrieb Lieder des Protests, Lieder sozialer Mißstände zur Zeit der Wirtschaftskrise. Sein Thema war das Schicksal des »Kleinen Mannes« und seiner Familie. Zusammen mit CISCO HOUSTON und PETE SEEGER sang WOODY GUTHRIE auf Gewerkschaftsveranstaltungen, zog in einem alten klapprigen Ford von Stadt zu Stadt.

Der schmächtige PETE SEEGER war es dann, der ein breiteres Publikum für Folksongs begeistern konnte. Auf über 60 Langspielplatten hat er, begleitet mit Gitarre, zwölfsaitiger Gitarre und Five-String-Banjo, alle wichtigen Folksongs akustisch festgehalten. Als Dokument dazu gibt es die Bände: »American Favorite Ballads, Tunes and Songs as Sung by Pete Seeger«, »Folksong USA, 111 favorite ballads« von LOMAX/SEEGER, »The Bells of Rhymney« von PETE SEEGER sowie »900 Miles – the ballads, blues and folksongs of Cisco Houston«. JERRY SILVERMAN hat eine ganze Reihe von Folksong-Books und Spielanleitungen veröffentlicht, von denen die Bände »Folkgitarre, leicht gelernt« und »Folkgitarre, perfekt gespielt« auch als deutsche Ausgabe vorliegen. Hinzu kommt das berühmte »Woody Guthrie: Folksongs von A bis Y«.

PETE SEEGER war mit die wichtigste Persönlichkeit beim Folksong-Revival der vierziger Jahre wie dem der späten fünfziger Jahre. Zu jener Zeit formierten sich die »Weavers«. Eine sehr erfolgreiche Gruppe war das »Kingston Trio«. Es wurde noch übertroffen von

»Peter, Paul and Mary«, die Folksongs in so gefälligem Arrangement brachten, daß auch das folksong-ungewohnte Publikum, das von der mitunter rauhen Form vielleicht schockiert gewesen wäre, durch ihre Darbietungen positiv gestimmt war.

Und es treten neue Künstler auf den Plan: DAVE VAN RONK spezialisierte sich auf das Umarrangieren schwarzer Songs. RAMBLIN JACK ELLIOTT, ein Arztsohn aus Brooklyn, war kurze Zeit mit WOODY GUTHRIE gereist und hatte dessen Stil bis in die letzte Phase übernommen, adaptiert oder imitiert. Zu Beginn der sechziger Jahre entstanden die »Hootenanny-Fernsehshows«. PETE SEEGER, der eigentliche Vater der Hootenanny-Welle, war aus politischen Gründen – es war die berüchtigte McCarthy-Ära – ausgeschlossen. Daher boykottierten gerade solche Künstler, die diesen Sendungen Qualität verschafft hätten, diese Shows.

Im Februar 1960 begann dann die Zeit der studentischen Sit-Ins. Im Mittelpunkt steht die Verantwortung der Weißen gegenüber den Schwarzen, die in der Verfassung formulierten Rechte der Schwarzen.
In diesem Zusammenhang besann man sich auf die Tradition des politischen Liedes, nahm Spirituals und versah sie mit neuen Texten. *»We shall overcome«* wurde zur Hymne des »Civil Rights Movement«.

1959 fand das erste Folk-Festival in Newport statt. Es waren überwiegend traditionelle Folksongs mit einfacher Gitarrebegleitung zu hören. Drei Jahre später traten dann neue Namen auf den Plan, mit neuen Liedinhalten. TOM PAXTON, PHIL OCHS und BOB DYLAN fanden begeisterte Zuhörer. Dylans *»Blowin' in the Wind«* wurde von den jungen Leuten nachgesungen, die Gitarre, vor allem die mit Stahlsaiten bespannte Folkgitarre, erlebte einen Boom.

Man begnügte sich nicht mehr mit dem einfachen Anschlagen von Akkorden auf seiner Gitarre, sondern entdeckte das Fingerpicking, eine Begleitform, die den Akkord so auflöst, daß eine selbständige Melodielinie und eine begleitende Baßlinie entsteht. Anregungen und Vorbilder dazu fand man in den Blues-Begleittechniken der Schwarzen, vor allem bei REVEREND GARY DAVIS, MISSISSIPPI JOHN HURT, MANCE LIPSCOMB, BIG BILL BROONZY.

Die neuen Lieder zeichnete die *Wendung vom Wir zum Ich* aus. Die Texte verkünden die Meinung des Sängers zu Gesellschaft und Politik. Es kommt nicht darauf an, ob er eine gute Stimme hat und perfekt Gitarre spielen kann. Wichtig ist, daß seine Aussagen ehrlich und überzeugend sind. Das Trio PETER, PAUL AND MARY machte die Bob-Dylan-Songs zunächst dem breiten Publikum bekannt. Im Gegensatz zu seiner heiseren Stimme und der einfachen, ungewohnten Gitarrebegleitung arrangierten sie seine Songs kompliziert, gefällig und fast konzertant. Heute jedoch sind Bob Dylans Originalplatten immer noch viel interpretierte Beispiele zur Geschichte des Songs, während die Adaptionen der anderen mit Recht in Vergessenheit geraten sind.

Seit 1964 gab es dann auch in Deutschland ein »Festival Chanson Folklore International« auf Burg Waldeck im Hunsrück. Als Bauhaus des Chansons und Songs geplant, entwickelte es sich zum Treffpunkt der Folk-Szene. Hier traten international bereits bekannte Künstler wie GUY CARAWAN, HEDY WEST, PHIL OCHS, ODETTA, JOHN PEARSE, DON PAULIN auf. Unverkennbar waren die Vorformen des Protestliedes: die Lieder der französischen Revolution, der deutschen Revolution von 1848, die Bänkellieder Wedekinds, Klabunds und Brechts. Und man konnte Bekanntschaft mit Sängern schließen, die später als deutsche Liedermacher erfolgreich sein sollten, wie REINHARD MEY, HANNES WADER, DIETER SÜVERKRÜP, FRANZ JOSEF DEGENHARDT, WALTER MOSSMANN, SCHOBERT UND BLACK.

Man hörte und lernte von den internationalen Kollegen den perfekten Umgang mit der Gitarre, pflegte das gesellschaftskritische Volkslied. Der Begriff »Liedermacher« wurden von WOLF BIERMANN als Pendant zu Brechts »Stückeschreiber« geprägt. Bald wurde der deutsche Folksong auch perfekt vermarktet. Die Schallplattenfirmen entdeckten das neue Produkt, kassierten allerdings am meisten mit völlig unengagierten Folklore-Duos wie BELINA UND BERENDT oder ABI UND ESTHER OFARIM, weil deren Lieder sofort in Rundfunk- und Fernsehsendungen gebracht wurden. Vieles dieser Repertoires hatte nur wenig mit der neuen Folkszene zu tun – aber es zahlte sich zumindest in klingender Münze aus. In den Schallplattenläden entstand die neue Rubrik »Liedermacher, deutsche« und auch Folksong-Anthologien erschienen, von »Amerika singt« bis »Linke Lieder«. Sogar eine Zeitschrift »Song« wurde gegründet.

Inzwischen gibt es in Deutschland genügend Folksong-Freunde, ausreichend Literatur und Tondokumente. Es finden sich aber auch junge Leute, die mit bewundernswerter Energie neue Spieltechniken der Gitarre erproben, sich intensiv mit der folkloristischen Musikkultur anderer Völker beschäftigen.

Im Sommer 1965 trat ein neuer BOB DYLAN auf die Bühne des Newport Festivals. Nicht mehr wie ein Folksinger mit der akustischen Gitarre, sondern in Lederjacke und mit elektrischer Gitarre bewaffnet, für die Fanatiker des Folksongs das Wahrzeichen des »verhaßten« Rock'n Roll. Man empfahl ihm, sich zu verziehen. Dylan war erschüttert, mit seiner alten Gitarre betrat er nochmals die Bühne und sang sein Abschiedslied *»Its all over now, baby blue«*.

Aus der Folksong-Szene entwickelte sich die Song-Szene. Mit Rockgitarren, Verstärkern und meterhohen Lautsprechertürmen. Die Technik bemächtigte sich des Folkssongs. Die Rock-Szene und ihre vielen Untergruppen erreicht heute ein viel größeres Publikum, ohne in den Texten in Schlager-Unverbindlichkeit abzugleiten. Doch neben dem harten Rhythmus, den lauten, spektakulären Auftritten, wie sie die Filme und Schallplatten der Woodstock-Festivals dokumentieren, bleiben auch die leiseren Sänger erfolgreich wie PETE SEEGER, JOAN BAEZ, LEONARD COHEN, ARLO GUTHRIE. Neue kommen hinzu wie GORDON LIGHTFOOT, JAMES TAYLOR, DONOVAN, CAT STEVENS.

Der Kreis schließt sich: Folksong hat mit dem Volk und damit mit der Gesellschaft zu tun. Die Zeiten haben sich geändert, die Themen auch. Das Publikum hat sich inzwischen an eine härtere Sprache und lautere Töne gewöhnt. Doch es ist sensibler geworden für die Inhalte. BOB DYLAN formulierte es:

»If your time to you
Is worth savin'
Then better start swimmin'
Or you'll sink like a stone,
For the times they are changin'.«

– Wenn ihr davonkommen wollt,
dann solltet ihr besser schwimmen lernen,
sonst sauft ihr ab wie ein Stein –
es kommen andere Zeiten. –

Liedverzeichnis

humboldt-taschenbücher

ht-praktische ratgeber

Haushalt

Haushaltstips (213)
Partybuch (231)
Speisepilz/Giftpilz (256)
Weihnachtsgeschenke (434)
Selbstversorgung (449)
Energie sparen (461)
Küchenkräuter-Garten (476)
Küche und gesunde Ernährung (482)
Rund um den Ofen (486)
Advent u. Weihn.feiern (511)

Getränke

Mixgetränke (218)
Deutsche Weine (361)
Alkoholfreie Mixgetränke (396)

Do it yourself

Anstreichen, Tapezieren (234)
Außenarbeiten (334)

Kind und Erziehung

Vornamen (210/505)
Unser Baby (233)
Schwangerschaft/Geburt (392)
Schwangerschafts-Gymnastik (468)

Tips für Kinder

Kinderspiele (47)
Was Kinder basteln (172)
Was Kinder raten (193)

Gesundheit

Erste Hilfe (207)
Kneippkur (230)
Zuckerkranke (236)
Autogenes Training (336)
Rückenschmerzen (339)
Heilpflanzen (342)
Guter Schlaf (354)
Heilmassage (355)
Rheuma (364)
Allergien (365)
Hautkrankheiten (388)
Sauna (406)
Heilfasten (407)
Kopfschmerzen (408)
Naturheilkunde (410)
Welche Kur ist richtig (423)
Entspannungs-Training (430)
Depressionen (431)
Erkältung und Grippe (435)
Bandscheibenbeschwerd. (442)
Streß vermeiden (452)
Frauenkrankheiten (455)
Selbsthilfe durch Autogenes Training (466)
Elektro-Akupunktur (480)
Kranke Seele (484)
Biorhythmus (494)
Gesund+fit (501)
Massage-ABC (507)
Durch Autogenes Training zur Meditation (510)
Häusliche Krankenpflege (516)
Hämorrhoiden+Darmleiden (518)
Chinesische Atem- und Heilgymnastik (534)

Schönheit

Schönheitstips (203)
Schönheitspflege (343)

Praktische Lebenshilfe

Leichter lernen (191)
Traumbuch (226)
Reden f. jeden Anlaß (247)
Handschriften deuten (274)
Angst erkennen (276)
Gästebuch (287)
Gutes Benehmen (303)
Partnerwahl (312)
Gedächtnis/Konzentr. (313)
Superlearning (491)
Alkohol – das Problem (497)
Testament und Nachlaß (514)
Unterhalt zahlen (515)
Mein Hochzeitsratgeber (529)
Prüfe Deine Menschenkenntnis (531)
Mietrecht knapp+klar (532)

Computer

Computerrechnen (146)
Transistoren (151)
Datenverarbeitung (200)
Taschenrechner (292)
Mikroprozessoren (338)
Tischcomputer (415)
BASIC Anfänger (456)
Bildschirmtext (457)
Schachcomputer (465)
BASIC Fortgeschrittene (496)
BASIC Dialekte (524)
Lernen mit dem Homecomputer (525)
Spielend Programmieren (526)
Programmiersprache PASCAL (551)

Briefe schreiben

Geschäftsbriefe (229)
Komma-Lexikon (259)
Briefe besser schreiben (301)
Liebesbriefe schreiben (377)
An Behörden schreiben (409)
Gutes Deutsch – der Schlüssel zum Erfolg! (535)
Musterbriefe für den persönlichen Bereich (538)
Dichten und Reimen (545)

Auto-/Motorradfahren

Autofahren heute (375)
Motorradfahren (473)

Beruf

Buchführung (211)
So bewirbt man sich (255)
Eignungstests (463)
Existenzgründung (498)
Sich bewerben und vorstellen (537)
Eignungs- und Persönlichkeitstests (548)

Fotografieren

Fotolexikon (308)

Zimmerpflanzen/Blumen

Zimmerpflanzen (270)
Kakteen (271)
Ikebana (353)
100 schönste Kakteen (370)
Die schönsten Zimmerpfl. (428)
Grabschmuck (471)

Haustiere

Katzen (212)
Dackel (224)
Pudel (258)
Wellensittiche (285)
Goldhamster, Meerschweinchen u. a. (289)
Schäferhunde (298)
Wie erziehe ich m. Hund (371)
Ponys (393)
Cocker-Spaniels (441)
Aquarienfische (447)
Katzenrassen (506)
Welcher Hundetyp (512)
Meine Wohnungskatze (536)

ht-kochen

Küchentips

Schnellkochtopf (251)
Frühstück (418)
Milch, Quark, Joghurt (440)
Eiergerichte (453)
Vegetarische Küche (503)
Vollwertkost (504)
Kinderkost (519)
Wildpflanzen-Gerichte (523)
Plätzchen, Pralinen, Salzgebäck (544)

Diät/Leichte Kost

Diätkost f. Zuckerkranke (257)
Diätkost f. Leber/Gallenkr. (260)
Schlankheitsküche (316)

Kalte Küche

Kalte Küche (221)
Salate (286)
Früchte zubereiten (378)

Fleisch- u. Fischgerichte

Fondues (294)
Tontopfgerichte (367)
Geflügelgerichte (379)

Nachspeisen

Nachspeisen (317)

Ausländische Küche

Mittelmeerküche (275)
Ital. Küche (328)
Chines. Küche (366)
Franz. Küche (405)

ht-freizeit-hobby-quiz

Mein liebstes Hobby

Zierfische (171)
Mikroskopieren (249)
Modelleisenbahn (266)
Mein Aquarium (272)
Bergwandern (278)
Pfeiferauchen (318)
Jagd (325)
Am Brunnen v. d. Tore (331)
Tanzen (362)
Gitarrenschule (390)
100 Volkslieder (400)
Elektron. Bauelemente (414)
Video (422)
Trödel, Raritäten (445)
Musizieren (469)
Kegelspiele (487)

Handarbeiten

Häkeln (314)
Stricken (315)
Schönste Handarbeiten (459)
Nähen+Schneidern (472)
Schönste Strickmuster (492)
Weben (513)
Makramee (517)
Häkelmuster (521)
Wir stricken und häkeln für Kinder (542)

humboldt-taschenbücher